AF572852

NÄHEN MIT

Mieke Fraatz

TRINIDAD
CARNIVAL
deutsche Top-Hits' 78

NÄHEN MIT Mieke Fraatz

EIN BUCH DER
EDITION MICHAEL FISCHER

INHALT

PROJEKTE 37

Ich bin Mieke Fraatz, waschechte Hamburger Deern und Interior Design Studentin im letzten Semester.

Meine Kreativität hat mein Umfeld schon immer in den Wahnsinn getrieben und alle waren happy, als ich als Content Creator (@miekefraatz) mit TikTok, Instagram & YouTube Plattformen gefunden hatte, auf denen ich meiner Leidenschaft endlich einen Rahmen geben konnte. Meine Follower dort freuen sich über meine DIY-Ideen aus den Bereichen Interior Design, Kunst und vor allem: Fashion!

Die Mutter meines Opis war Schneiderin und er war es auch, der mich schon als kleines Mädchen an die Nähmaschine heranführte. Seitdem habe ich mir das Nähen autodidaktisch und leidenschaftlich selbst beigebracht. Keine Secondhand-Klamotte und kein Stück Stoff ist vor mir sicher. Wenn ich etwas in die Hand bekomme, muss ich die Klamotte optimieren oder etwas ganz Neues kreieren.

Meine Fans nennen mich auch „Queen of Saum", denn ohne diesen kommt eigentlich keines meiner selbstentworfenen oder upgecycelten Fashion-Teile aus. Oft fragen sie nach, ob ich ihnen Stück für Stück zeigen kann, wie ich meine Kreationen nähe.

Und genau dafür ist nun dieses Buch da! Ich habe mich von den 80ern inspirieren lassen, der Look dieses Jahrzehnts ist einfach eine Fundgrube von Styles, die mir immer wieder richtig heftige Retro-Vibes geben.

Kommt mit mir in die Zeit von Stranger Things und probiert einfach mal aus, euch von den Sachen, die ich für euch entworfen habe, etwas zu nähen. Wenn ich das geschafft habe, schafft ihr es auch!

SIEMENS
club 814

GRUNDLAGEN

TRICK 17

WIE DU AUS SECONDHAND-KLAMOTTEN STYLISCHE 80S-KLEIDUNG NÄHEN KANNST

Mein absoluter Trigger: Secondhand-Klamotten! Flohmärkte, Secondhand-Läden, Trödelmärkte – all das sind Orte, an denen mein Puls sofort ein paar Takte schneller schlägt. Tatsächlich ist das Umnähen von Vintage-Teilen ein tolles Training, um die Schwellenangst vor der Nähmaschine zu verlieren.

80S VIBES – HALTET DIE AUGEN AUF NACH …

- … bunten Trainingsanzügen in Ballonseide
- … Shirts in Neon-Farben
- … glänzenden Leggings
- … weiten Kleidern mit geometrischen Mustern
- … Karottenhosen
- … Shirts mit Puffärmeln
- … allem, was Schulterpolster hat
- … moon-/stonewashed Jeans
- … oversized Blazern
- … Bomberjacken

MEIN GEHEIMTIPP

*Guckt euch ruhig in weniger angesagten Stadtteilen und nicht so gehypten Läden & auf Märkten um. Dort findet man meist tolle Schnäppchen – weil die Verkäufer*innen oft nicht wissen, was gerade angesagt ist.*

MEIN KLEINES 1 x 1, UM SCHLICHTEN SECONDHAND-KLAMOTTEN RICHTIGE 80S VIBES ZU GEBEN

AUS 1 MACH 2!

Wer mich kennt, weiß, dass ich leidenschaftlich gern aus einem schlichten Einteiler einen Zweiteiler mache. Du hast ein Kleid mit einem coolen Muster gefunden, das dir viel zu groß ist und unmöglich sitzt? Perfekt! Mit einem beherzten Schnitt durch die Mitte hast du die Grundlage für eine coole Bluse mit Hot Pants oder ein 80s-Shirt plus Minirock mit Volants.

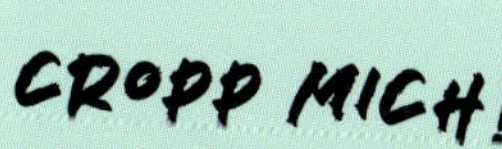

Es gibt kein langweiliges T-Shirt oder Sweatshirt, das sich nicht mit ein paar Handgriffen zu einem fancy 80er-Basic umwandeln lässt. Das ist auch eine gute Übung für den ersten Nähversuch: Auf die gewünschte Länge kürzen, säumen, fertig.

DRAMA BABY!

Manchmal darf es ruhig etwas drüber sein, denn in den 80ern ging es auch gern sehr glamourös zu! Halte also unbedingt Ausschau nach richtig schön zickigen Kostümen mit einem möglichst sexy Stretch-Rock plus Sakko mit Schulterpolstern und im besten Fall mit einem Statement-Taillengürtel.

APROPOS STRETCH!

Was heute selbstverständlich ist, nahm in den 80ern seinen Anfang: Stretch! Greif dir also alles, was erst seine/deine Form bekommt, wenn du es anziehst: Stretch-Kleider, Leggings, Trikots, Shirts, Bodies ... Je mehr Lycra, desto 80er.

SCHRILL. SCHRILLER. AM SCHRILLSTEN!

Die Klamotten in den 80ern waren nicht gerade das, was man Understatement nennt: Pailletten, Metallleder, Neonfarben, Animalprints in Knallfarben, Satin, geometrische Muster, weite Ärmel, breite Schulterpolster, Oversize, krasse Jeans-Waschungen. Auffallen ist also gewollt – trau dich einfach!

EVERGREEN DENIM!

Keine noch so lappig sitzende Jeans ist ein hoffnungsloser Fall! Ganz im Gegenteil: Je schlechter sie sitzt, umso größer ist der Spielraum, ein cooles 80s piece daraus zu machen. Steck dir die Jeans möglichst eng ab, dreh sie auf links und ran an die Nähmaschine. Die Waschung ist langweilig? Mein Freund heißt Bleiche – damit kannst du einen völlig individuellen moonwashed oder acid Effekt erzeugen.

HOW TO

PIMP MY STYLE

Ich finde es superspannend, wie easy sich ein und dieselbe Klamotte mit wenigen Handgriffen für jeden Anlass & jeden Typen passend stylen lässt.

Hier ein paar Ideen von chillig zu schick:

„Big pants – little shirt“ – je weiter die Hose, desto enger sollte das Oberteil sein, um einen schicken Look zu erzeugen. Und um die Hose chillig zu tragen, kombinierst du einfach einen Hoodie dazu.

Eine meiner absoluten Geheimwaffen ist **Statement-Schmuck**! Mit einer auffälligen Kette oder großen Ohrringen lässt sich fast jedes Basic-Teil zu einem Ehren-Outfit stylen.

Mit einem **Taillengürtel** gibst du deinem Outfit eine optische Mitte und verleihst eher entspannt geschnittenen Kleidern oder Jumpsuits sofort einen edleren Look.

Für einen fancy Look trage ich höhere Schuhe statt sportlicher Sneaker. Das müssen übrigens keine High Heels sein, ich finde zum Beispiel **Plateau-Sohlen** Ehre. Merke: Du wirkst immer cooler, wenn du mit deinen Schuhen auch laufen kannst. Und nicht diese mit dir.

Kein Accessoire im eigentlichen Sinn, aber trotzdem ein Garant für die Verwandlung: **Make-Up & Haare**. Mit einem coolen Lippenstift oder einem Haarband kannst du deinen Look sofort auf die nächste Ebene holen.

Weitere Gamechanger:

- Hüte
- Caps
- Mützen
- Sonnenbrillen
- Stulpen
- Taschen

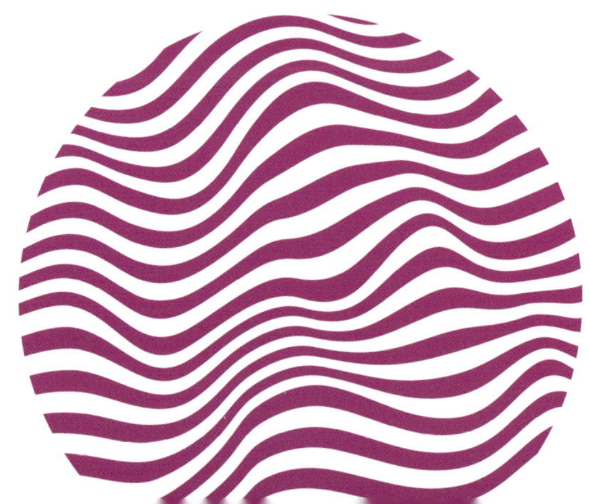

HIER SIEHST DU EINE WEITERE VARIANTE, KLAMOTTEN ZU PIMPEN! MEHR DAZU AUF DER FOLGENDEN SEITE

KLAMOTTEN BESTICKEN

EIN PAAR LIFEHACKS!

Meine alte Nähmaschine, ein Anfängermodell, war mir lange ein treuer Begleiter für alle gängigen Basics. Und es ist tatsächlich so, dass ein Low-Budget-Modell, natürlich mit einer guten Qualität, für die ersten Nähversuche völlig ausreicht. Hier habe ich mich mal in einer etwas anderen Liga ausgetobt.

Ich bin inzwischen einen Step weiter und habe mich zudem schon seit längerem gefragt, wie cool es sein muss, meinen selbst genähten oder auch gekauften Klamotten mit einer Stickerei mein individuelles i-Tüpfelchen aufzusetzen.

Also habe ich schon seit einiger Zeit von einer Stickmaschine geträumt und jetzt mit der Pfaff Creative 4.5 meine ersten Versuche gestartet. Die Maschine ist eine Kombi aus Näh- und Stickmaschine und mein erstes Masterpiece war der Regenbogen für den Sweater auf Seite 92.

Ich kann es kaum erwarten, mit den unzähligen vorgegebenen oder selbst gestalteten Motiven noch weitere Teile zu veredeln. Als Nächstes werde ich mir wohl die Jeans schnappen. Ich überlege, verschiedene kleine Blumen drauf zu sticken.

Die Stickrahmen gibt es übrigens in verschiedenen Größen, sodass es auch möglich ist, zum Beispiel eine Kissenhülle mit einem coolen Motiv zu besticken – oder den Rücken einer alten Jeansjacke. Ich freue mich schon sehr auf viele neue Projekte und werde euch bei TikTok natürlich auf dem Laufenden halten.

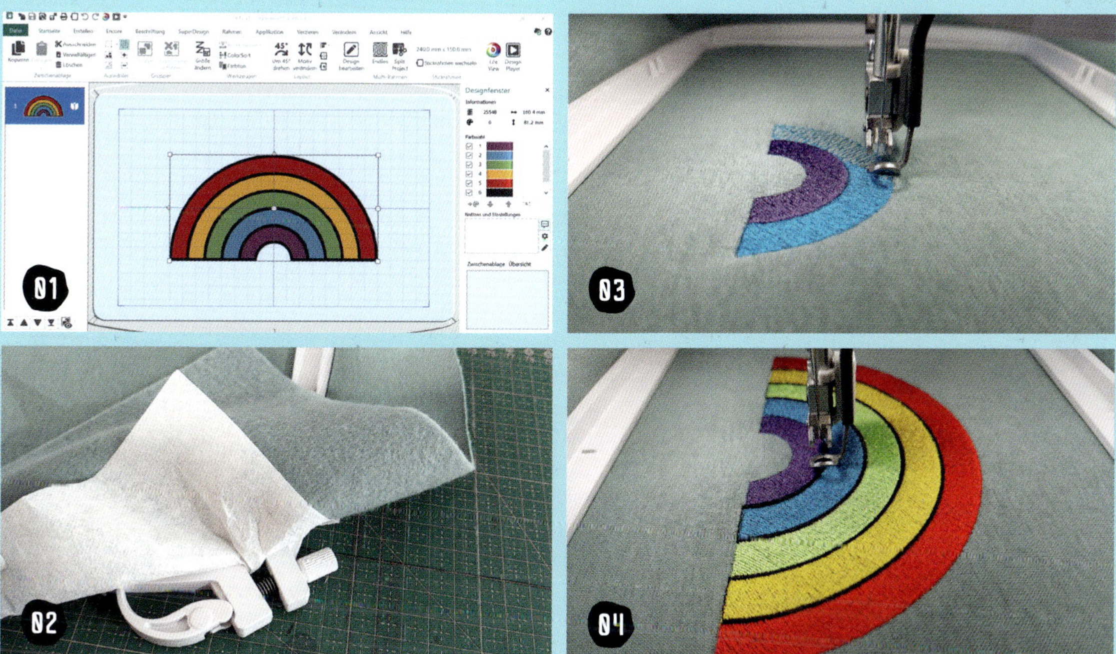

STEP BY STEP

01 Ziemlich cool finde ich, dass ich meine Ideen selbst designen und dann sticken kann. Dafür gibt es tolle Softwareprogramme, die ganz leicht zu bedienen sind. Ich habe die mySewnet Stick-Software benutzt.

02 Dann habe ich Vlies mit Stoff eingespannt, zum Verstärken beim Sticken. Außerdem kommt die Stickerei auf diese Weise super raus.

03 Stück für Stück wird aus meiner Idee ein gestickter Regenbogen. Ich muss nur das Garn wechseln und an der Maschine Start tippen, dann stickt meine Maschine automatisch jede Farbe.

04 Und so sieht es fast fertig gestickt aus. Kleiner Tipp von mir: Erst die Teile besticken und dann zusammennähen.

KLEINE MATERIALKUNDE

Das A und O bei der Zusammenstellung deines neuen Outfits ist natürlich der Stoff! Der coole Volantrock für Samstagabend kann aus silbernem Kunstleder so richtig glänzen – wenn du ihn aus Cordstoff nähst, wirkt er schon ganz anders.

ELASTISCHE VS. UNELASTISCHE STOFFE

First things first: In diesem Buch werden dir einige Teile begegnen, die aus unelastischem Stoff einfach nicht funktionieren. Zum Beispiel der Longsleeve von Seite 44. Schau dir immer die Stoffempfehlung, die ich dir auf den Übersichtsseiten gebe, ganz genau an. Richtig nice: Ein anderes Muster ausprobieren, mit Farbe spielen, dein eigenes Ding machen. Eher nicht so nice: Nachher nicht mit dem Kopf durch den Halsausschnitt passen, abstehende Nähte oder gebrochene Nadeln an der Nähmaschine, die die Stoffmengen nicht mehr bewältigen kann. Beim Umgang mit elastischen Stoffen ist es dann natürlich auch unvermeidbar, dass du je nachdem, was du gerade annähst, einen elastischen Stich (Zickzackstich) an deiner Nähmaschine einstellst. Sonst hast du nachher zwar das elastischste Longshirt der Welt genäht, aber am Ärmelsaum und am Kragen ist das Teil trotzdem knalleeng und die Nähte reißen vielleicht sogar beim Anziehen.

JERSEY

Jersey gibt es in einer Million Formen und Farben. Er ist ein Strickstoff, du wirst ihn in einer dünneren Ausführung als T-Shirt-Stoff kennen, das ist dann der berühmt-berüchtigte Single-Jersey. Damit er schön stretchy bleibt, besteht er nicht nur aus Baumwolle, sondern auch noch aus einem dehnbaren Stoff, meistens Elasthan (es gibt ihn aber auch mit Polyester, Wolle oder Viskose). Rippenjersey hat, wie der Name schon sagt, schmale Rippen eingearbeitet und wird oft als Bündchen verwendet (zum Beispiel beim T-Shirt auf Seite 40). Achte beim Kauf von Rippenjersey darauf, dass er zum Teil aus Elasthan besteht, sonst leiert dein Bündchen superschnell aus und wirkt labbrig.

KUNSTLEDER

Mit Kunstleder kann man richtig coole Sachen machen! Der Stoff ist ein bisschen standfester – Corsagen oder Taillengürtel funktionieren deswegen richtig gut, wenn sie aus Kunstleder gemacht sind. Wenn du beschichtetes Kunstleder benutzt (wie zum Beispiel für den Rock auf Seite 106), kann es für das Nähen helfen, wenn du dir einen Teflonfuß für die Nähmaschine anschaffst. Der ist zwar mit ca. 10 € kein Schnäppchen, aber deine Nähmaschine wird über den Stoff gleiten wie ein warmes Messer durch Butter. Achte für die Verarbeitung von Kunstleder immer drauf, dass du deiner Nähmaschine nicht zu viele Schichten auf einmal zumutest und robuste Nadeln benutzt.

VISKOSE

Früher haben die Muttis dieser Welt im Klamottenladen immer nach den schicken Klamotten gegriffen und gefühlt – und dann war das entweder Seide oder man verzog leicht angewidert das Gesicht und sagte herablassend „Viskose ..." Den Ruf hat dieser Stoff zum Glück nicht mehr – Viskose ist ein super Stoff für alle Gelegenheiten und weil er so besonders fließend fällt, eignet er sich besonders für sommerliche Blusen, Kleider und Röcke. Für die Projekte mit Retro-Chic ist Viskose auf jeden Fall genau das Richtige! Ganz wichtig, wenn du mit Viskose arbeitest: Immer vorwaschen! Der Stoff läuft beim Waschen ziemlich ein und wenn du dann schon dein Meisterstück genäht hast, bevor du es zum ersten Mal wäschst ... Richtig schade.

SEIDE

Ganz Ambitionierte könnten die oversized Bluse von Seite 64 aus Seide nachnähen. Seide kühlt im Sommer und sorgt für die perfekten Flatterärmel, im Winter wärmt sie. Seide ist ziemlich tricky zu verarbeiten, kriegt megaschnell Flecken und ist allgemein nichts für Näh-Anfänger*innen. Sie ist ziemlich teuer in der Anschaffung – dafür gibt es sie aber auch echt in allen Formen und Farben.

LEINEN

Leinen ist ein fantastisches Material! Es wird aus Pflanzenfasern hergestellt und ist der perfekte Sommerstoff, weil es kühlt und atmungsaktiv ist. Leinen gibt es meist einfarbig zu kaufen – es ist allerdings auch echt ein teurer Spaß, sich Leinenstoff für ein Nähprojekt zu organisieren. Falls du nur was Kleines damit planst: Such dich mal durch einen Secondhand-Shop – bestimmt findest du eine günstige gebrauchte Hose, die du auseinandernehmen kannst. Ein Riesennachteil von Leinen außerdem: Es knittert!

JEANS

Jeans/Denim ist ein Allrounder unter den Stoffen. Nicht ganz so easy zu verarbeiten, aber wenn man Jeans einmal gezähmt hat, hat man von dem Nähprojekt echt ewig was! Ich finds besonders nice, Jeans mit Bleiche zu kombinieren und kreative Muster auf den Stoff oder das fertige Kleidungsstück zu tröpfeln. Stinkt brutal, aber der Effekt hinterher ist mega – und du hast nachher wirklich ein absolutes Unikat in deinem Kleiderschrank! Und keine Sorge, wenn du dich nicht so recht an die Bleiche traust: Jeans verwäscht sich auch von ganz alleine und bekommt dann einen Used-Look, für den sich jedes Fluchen an der Nähmaschine gelohnt hat.

BAUMWOLLE

Baumwolle ist eine superbekannte und beliebte Naturfaser. Sie ist ein unelastischer Stoff und wird gerne mal als Mischgewebe mit anderen, künstlich hergestellten, Fasern gemischt angeboten. Sie ist der perfekte Anfänger*innen-Stoff, weil sie supereasy zu verarbeiten ist, sich nicht unmöglich verzieht (wenn sie denn vorgewaschen ist) und auch noch bezahlbar ist. Es gibt sie in tausend Farben und Formen und für alle Anlässe – lass dich im Stoffladen deines Vertrauens einfach mal inspirieren.

BATIST

Batist ist ein ganz feiner Baumwollstoff. Er ist oft etwas durchscheinend und eignet sich wie Viskose für leichte, sommerliche Blusen. Das Coole: Batist ist nicht teuer, sehr vielseitig, einfach zu verarbeiten und wie dickere Baumwolle auch in vielen Farben und Mustern erhältlich, weil er sich sehr einfach bedrucken lässt.

VORSICHT!

Bevor du drauflos nähst, solltest du deine ausgesuchten Stoffe immer vorwaschen! Nicht alle, aber viele der hier aufgelisteten Stoffe laufen beim Waschen ein und vernähte Stoffe, die dann erst zum ersten Mal gewaschen werden, bilden echt die merkwürdigsten Formen und dein mühsam genähtes Teil ist hin! Für die Temperatur gilt: Den Stoff immer mit der Temperatur vorwaschen, in der du ihn nachher als Kleidungsstück auch waschen möchtest.

ÜBRIGENS

Die Stoffe in diesem Buch wurden überwiegend von unseren großartigen Sponsoren Snaply und Frau Tulpe gesponsort. Ein riesiges Dankeschön für die entspannte Zusammenarbeit und die tollen Stoffe und Materialien!

GARNE

Garne werden immer mit einer Zahl ausgezeichnet, die die Dicke des Garns angibt. Je niedriger die Zahl, desto dicker das Garn. Und je dicker dein Garn, desto dicker muss natürlich auch deine Nähnadel sein, die du damit benutzt. Die Projekte in diesem Buch sind eigentlich alle mit Allesnäher genäht – das ist ein robuster Polyesterfaden, der ziemlich langlebig und reißfest ist. Für die Jeans auf Seite 114 könntest du auch dickeres Nähgarn benutzen, aber weil ich ziemlich dünnen Jeansstoff verwendet habe, reicht auch da ein Allesnäher. Besonders cool sind dann noch die Elastikgarne: Mit denen kann man diese gesmokten Elastikbunde nähen, die in den 90s megahip waren. Das Elastikgarn wird dann als Unterfaden benutzt, oben lässt du den Allesnäher mitlaufen. Damit kann man richtig spannende Upcycling-Projekte starten!

MEIN TIPP

Wenn du das Kleidungsstück, das du nähst, hinterher färben können möchtest, solltest du für das Nähen Baumwollgarn benutzen. Polyestergarn lässt sich nämlich nicht einfärben und wenn der Look nicht gewollt ist, kann es schon extrem bescheuert aussehen, mit einer schwarzen Hose mit knallgelben Nähten rumzulaufen.

NADELN

Wie Garne auch sind Nähmaschinennadeln mit Nummern ausgezeichnet, die ihre Dicke angeben. 70 benutzt man für sehr leichte Stoffe (hier dürfen die Ambitionierten wieder aufhorchen, die die Bluse von Seite 64 aus Seide nachnähen wollen), 80 für mittelschwere Stoffe (zum Beispiel Leinen oder dünnere Baumwollstoffe), 90 für mittelschwere bis schwere Stoffe (zum Beispiel leichten Jeansstoff), 100 für schwerere Stoffe (solltet ihr mal auf die Idee kommen, einen Mantel nähen zu wollen) und 110 und 120 für die ganz schweren Kaliber – wenn du mal Segeltuch oder einen neuen Bezug für die Couch nähen willst, bist du hier richtig.

Nähzubehör

DEINE MUST-HAVES

Obwohl natürlich grade das Upcycling, meine absolute Leidenschaft, mit besonders wenig Zubehör auskommt, gibt es so einige Must-Haves, die du parat haben solltest, bevor du in die Projekte im Buch startest. Hier habe ich dir eine kleine Übersicht vorbereitet.

NÄHMASCHINE

Deine Nähmaschine ist natürlich das Herzstück deines Nähprojektes! Du brauchst für die Modelle in diesem Buch keine superteure Spezialnähmaschine, das Erbstück von Omi oder Mama oder das Startermodell aus dem Sale reicht völlig aus. Man sagt, dass eine gute Nähmaschine eigentlich nur zwei Dinge können muss: Einen guten Geradstich und einen guten Zickzackstich. Und auch, wenn da bestimmt ein Körnchen Wahrheit drin steckt, ist es natürlich mehr als gemütlich, wenn deine Nähmaschine auch noch automatisiert Knopflöcher sticken kann. Aber da gilt: Lies dir die Zubehör- und Extras-Liste durch und überleg dir, was du echt dringend brauchst und was nicht. In der Regel ist nämlich die erste dieser Listen kürzer als man meint.

EIN GUTES MASSBAND

Meine Maßbänder sind wie Kulis: Ich habe eins in jeder Schublade, aber wenn ich sie brauche, sind sie alle verschwunden. Du solltest auf jeden Fall immer eins parat haben, bevor du mit einem neuen Nähprojekt startest. Es gibt da auch Spezialversionen, die man per Knopfdruck einziehen kann (damit nichts in der Gegend rumwuselt oder sich sogar verknotet) oder mit einem Karabiner an den Hosenbund klipsen kann. Die vergesse ich dann allerdings ganz gerne und dann landen sie in der Wäsche …

SCHNEIDERKREIDE

Zum Abzeichnen der Schnittmuster unerlässlich! Der Klassiker sind diese drei- oder viereckigen Schneiderkreidenstücke, die meistens in Weiß verkauft werden. Ich finde allerdings auch Stifte bzw. Marker zum Anzeichnen superpraktisch, die nach dem ersten Waschgang verschwinden. Und supercool sind auch diese Gelstifte zum Wegradieren – die sind nämlich hitzeempfindlich und lassen sich ganz einfach wegbügeln, wenn man die Markierung nicht mehr braucht.

STECKNADELN

Ganz schlicht mit buntem Köpfchen sind sie wohlbekannt und unerlässlich beim Nähen. Sehr praktisch finde ich auch bunte Stoffklammern. Mit denen ist es ein bisschen weniger friemelig, den Stoff vor dem Zuschnitt oder für das Übertragen des Schnittmusters zu fixieren. Die funktionieren allerdings natürlich nur an Stoffkanten – für das Abstecken zum Beispiel von Abnähern kann es einfacher sein, mit regulären Stecknadeln zu arbeiten.

SCHERE

Eine gute Stoffschere ist ein absolutes Must-Have! Nichts ist so nervig, wie verzogener, verzuppelter Stoff mit fransigen Kanten, der so gar nicht so liegen bleiben möchte wie er soll. Ganz wichtig: Mit der Stoffschere wird nur Stoff geschnitten! Sonst wird sie stumpf und du bekommst genau das Ergebnis, das ich gerade beschrieben habe. Du brauchst also auch noch eine Papierschere on top, mit der du dein Schnittmuster ausschneiden kannst, und eine kleine Handarbeitsschere für die feinmotorischen Arbeiten kann sich auch als sehr praktisch erweisen.

NAHTTRENNER

Ja, ich weiß, es ist frustrierend. Aber einen von diesen kleinen Freunden brauchst du auf jeden Fall. So ärgerlich das Auftrennen von Genähtem auch ist – es passiert den Besten und es ist nicht ganz so lästig, wenn man einen Nahtauftrenner statt einer Schere verwenden kann.

BÜGELEISEN

Ich bügel meine Klamotten auch nicht, echt nicht. Aber zum Nähen brauchst du – unbedingt – ein Bügeleisen. Nähte auseinanderbügeln oder Rundungen in Form bügeln ist unerlässlich – auch als Neuling an der Nähmaschine. Superpraktisch sind diese kleinen Näh-Bügeleisen für kleinteilige Nähstücke.

SICHERHEITSNADELN

Wahrscheinlich auch eine eher offensichtliche Anschaffung. In diesem Buch werden sie gar nicht unbedingt dazu benutzt, um Sachen aneinanderzustecken, vielmehr brauchst du sie, um bequem ein Gummiband durch einen Tunnelzug zu führen. Das kann von Hand ziemlich nervig sein, eine größere Sicherheitsnadel kann dir viel Zeit sparen!

GRÖSSENTABELLE

UND RICHTIGES MASSNEHMEN

Damit du bei der Größenauswahl nicht total lost vor den Schnittmustern stehst, kannst du hier deine eigenen Maße mit denen der Schnitte im Buch abgleichen. Ganz wichtig: Miss dich an den richtigen Stellen aus, damit später auch alles richtig sitzt.

Für das richtige Maßnehmen brauchst du drei Maße: Brustumfang, Taillenumfang und Hüftumfang. Den Brustumfang misst du an der breitesten Stelle deines Oberkörpers, genau mittig um die Brust herum. Wenn du einen BH trägst, achte darauf, dass es einer ist, den du nachher auch mit dem fertigen Teil tragen würdest. Der Taillenumfang wird an der schmalsten Stelle des Oberkörpers gemessen. Den Hüftumfang bekommst du, wenn du knapp oberhalb des Schrittes das Maßband um die breiteste Stelle deiner Hüfte legst (ja, das dürfte deinen Po mit einschließen). Zieh nicht zu fest an, sondern nimm locker Maß. Danach kannst du deine Ergebnisse mit der Tabelle unten abgleichen, die richtige Größe aussuchen und die entsprechenden Schnittteile von den Schnittmusterbogen übertragen. Jede Größe hat dort ihre eigene gemusterte Linie, sodass du sie gut unterscheiden kannst.

Wichtig ist, dass du auch Markierungen für zum Beispiel Reißverschlüsse oder Abnäher mit überträgst, die sollten nachher genau an den richtigen Stellen sitzen und sind superwichtig für die Passform.

MASSTABELLE

	01 Brustumfang	02 Taillenumfang	03 Hüftumfang
34	82 cm	66 cm	91 cm
36	85 cm	69 cm	94 cm
38	88 cm	72 cm	97 cm
40	92 cm	76 cm	101 cm
42	96 cm	80 cm	105 cm
44	100 cm	84 cm	109 cm

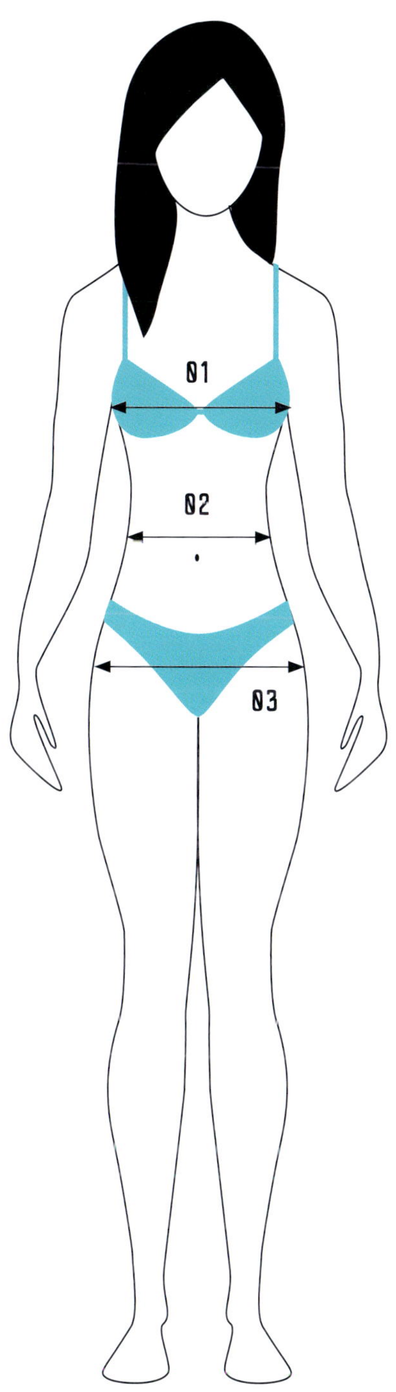

MEIN TIPP

Die Schnittteile überlappen sich auf den Schnittmusterbogen teilweise, sodass du sie nicht direkt ausschneiden kannst. Du musst sie also abpausen. Es gibt dafür extradünnes Schnittpapier, aber meine ultimative Entdeckung ist: Backpapier. Einfach auf den Schnittmusterbogen legen, mit einem Permanentmarker deine Größe abzeichnen und ausschneiden. Backpapier ist robuster als dieses klassische Schnittpapier, superbillig, immer im Haus, und du kannst es ganz easy in einer Klarsichtfolie lagern – für den Fall, dass du das Projekt später noch einmal (aus anderem Stoff?) nachnähen willst.

Am besten ist es, wenn dir jemand beim Vermessen hilft – sonst kann das Maßband nämlich schon mal schief um den Körper gelegt enden und du bekommst großzügigere Maße als gedacht.

Wenn deine Maße zwischen den Maßen in der Tabelle liegt, entscheide dich immer für die größere. Anpassungen im Schnitt kannst du dann immer noch vornehmen. Weitere Abnäher oder Kürzungen sind easy machbar – mehr Stoff an die Schnittteile zaubern kannst du leider nicht.

BASIC-TECHNIKEN
FÜR DEIN NÄHPROJEKT

Es gibt dann doch immer wieder Anleitungen, die ein bisschen kniffliger sind, und Steps, für die man doch noch mal ein paar Details braucht. Für diese Fälle gibt es dieses Kapitel! Hier kannst du einige Grundtechniken immer wieder nachschlagen, damit alles rund läuft.

SCHNITTTEILE VERSÄUBERN

Besonders bei Webware-Stoffen fransen deine Schnittteile gerne mal aus. Es ist daher hilfreich (und sieht auch einfach besser aus), wenn du sie versäuberst, bevor du mit deinem Nähprojekt so richtig loslegst. Das kannst du entweder mit einer Overlock-Maschine machen, die extra dafür gemacht ist, oder mit dem Zickzackstich deiner ganz normalen Haushaltsnähmaschine. Achte darauf, elastische Stoffe auch mit einem elastischen Faden und Stich zu versäubern, sonst verzieht sich nachher alles und du kommst zum Beispiel mit dem Kopf nicht mehr durch den Ausschnitt deines T-Shirts. Säume musst du in der Regel nicht noch mal extra versäubern. Sie werden doppelt nach innen umgeschlagen und festgesteppt, da franst dann nichts aus.

Sehr pflegeleicht sind auch Jersey und Sommersweat – die rollen sich einfach nach oben auf, wenn man sie unversäubert lässt. Ist aber auch ein Look, auf den man stehen muss ...

Der Stoff auf diesem Bild wurde mit einer Overlock-Maschine versäubert:

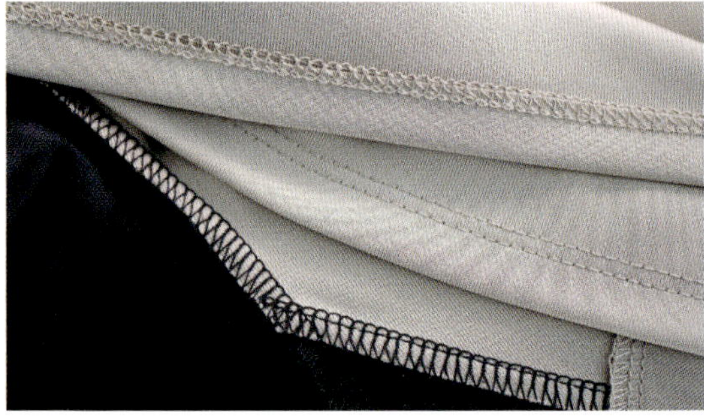

Und hier siehst du einen einfachen Zickzackstich – ganz eng eingestellt kannst du deine Schnittteile auch damit versäubern:

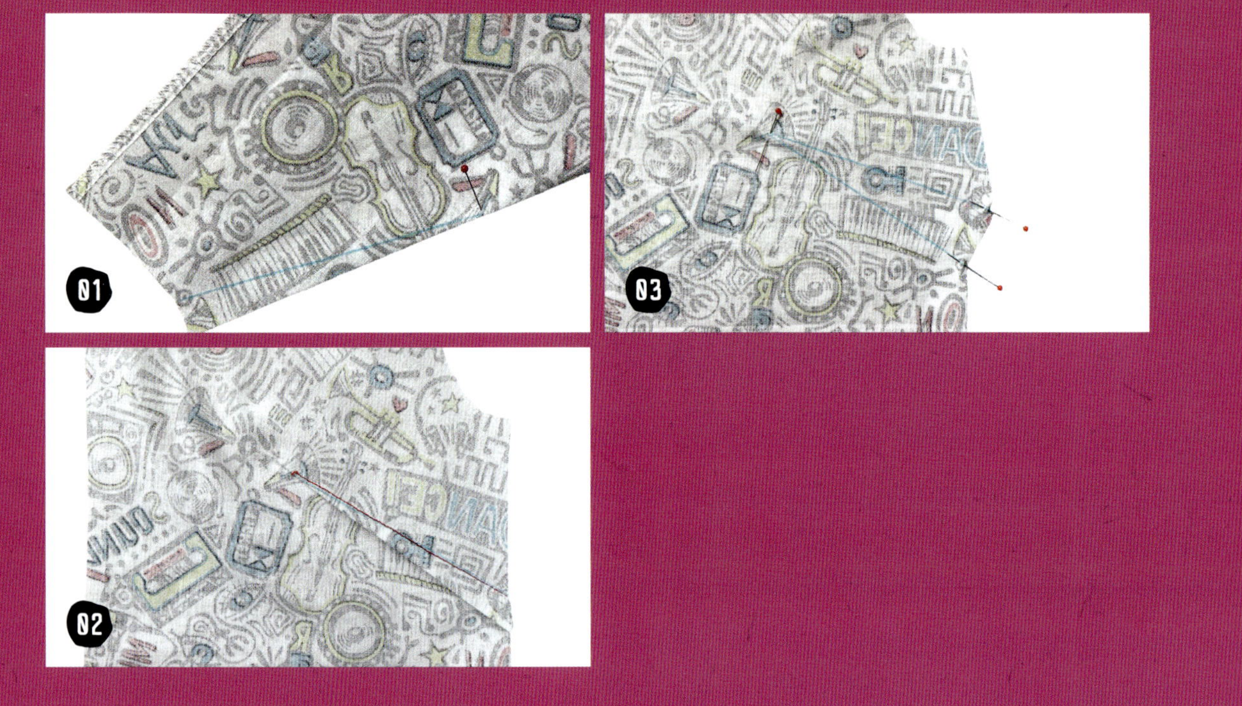

ABNÄHER EINNÄHEN

Abnäher sind dazu gedacht, einen Schnitt an deine Figur anzupassen – sie werden besonders oft bei Nähstücken aus Webware eingesetzt und sorgen zum Beispiel bei einem Kleid dafür, dass es schön in der Taille sitzt und nicht wie ein Sack an dir herunterhängt. Abnäher sind nicht schwer zu nähen – am wichtigsten ist es eigentlich, dass du dir alle Abnäher von den Schnittmusterbogen genau überträgst.

01 Übertrage die Position des Abnähers laut Schnittmuster auf dein Nähstück. Markiere dann die Spitze und die Knipse mit Stecknadeln.

02 Lege die Knipse übereinander und nähe jetzt entlang der aufgezeichneten Linie. Verknote zum Schluss die Enden deines Fadens.

03 Bügle den Abnäher noch sauber nach unten, damit alles schön flach anliegt.

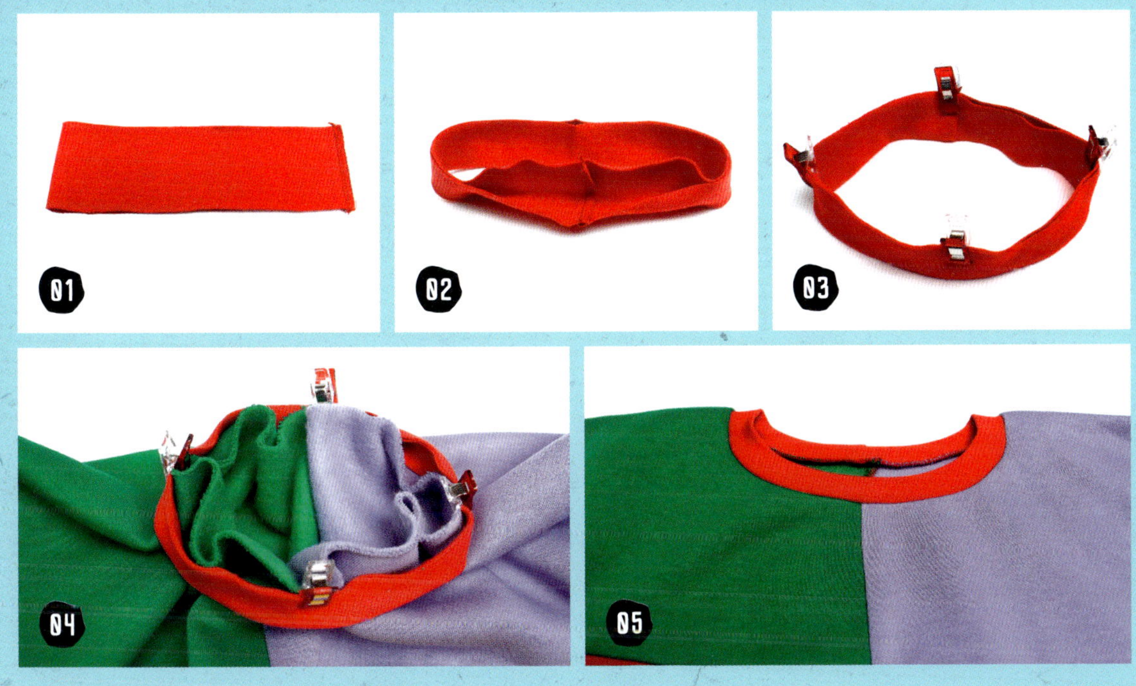

BÜNDCHEN ANNÄHEN

Ein Bündchen anzunähen ist theoretisch echt kein Hexenwerk, aber das Einsetzen des kurzen Bündchens in die weitere Hose (oder Ärmel usw.) kann sich schon mal als etwas kniffliger erweisen. Deswegen bekommst du hier eine kurze Übersicht, wie du ein Bündchen (zum Beispiel für den Fledermauspulli auf Seite 70) am besten einnähst.

01 Falte das Bündchen rechts auf rechts und schließe die kurze Seite.

02 Klappe nun die langen Seiten links auf links aufeinander.

03 Teile den Ring in vier gleichmäßige Teile: vordere und hintere Mitte, Schulter- bzw. Seitennähte.

04 Teile den Ausschnitt bzw. den Saum, an dem du dein Bündchen annähen willst, ebenfalls in 4 gleiche Teile und stecke dein Bündchen nun an dein Nähstück. Nähe es unter Dehnung fest. Wunder dich nicht, das ist ein bisschen Fummelei. Damit sich nicht alles verzieht, hast du dir die vier Teile markiert, an denen du dich orientieren kannst.

05 Klappe das Bündchen um und bügle es mit Dampf in Form.

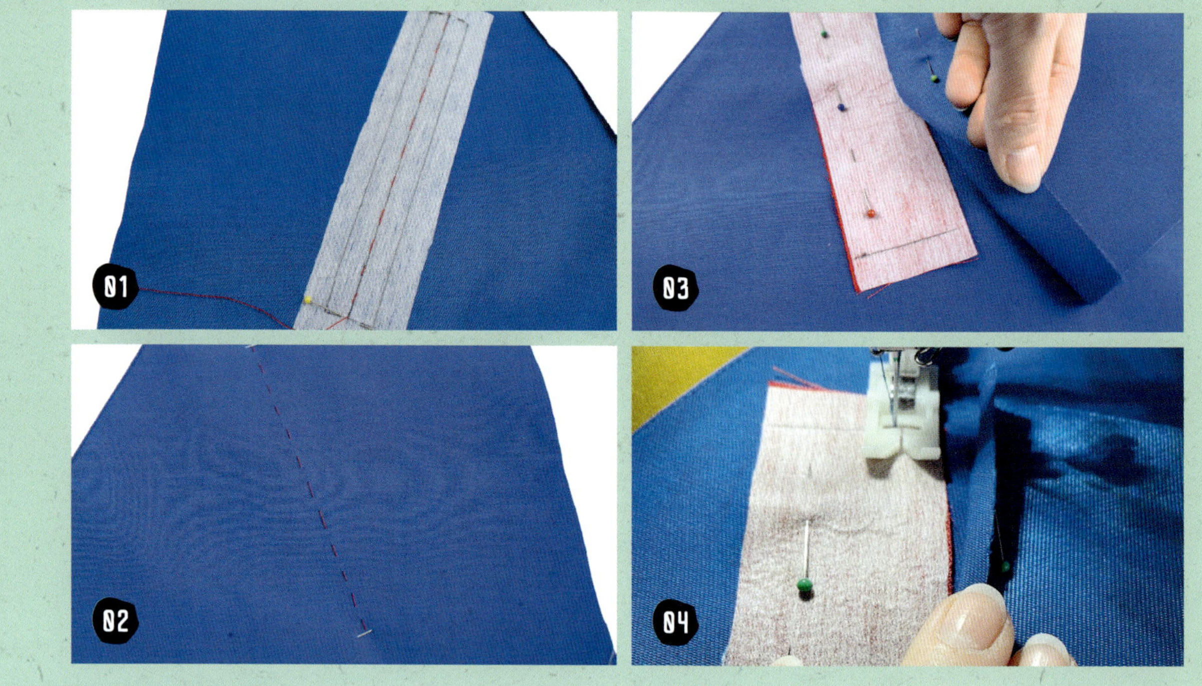

EINSEITIGE PASPELTASCHE

Bei dieser Art Tasche, wie du sie zum Beispiel bei der Jacke auf Seite 98 brauchst, ist es wichtig, dass du sehr sauber und exakt arbeitest – das ist auch schon die halbe Miete! Wie es genau geht, zeige ich dir hier.

01 Verstärke die linke Seite deines Nähstückes mit etwas Vlieseline und zeichne dir die Position deiner Paspeltasche auf. Ziehe durch die mittlere Markierung von Hand eine Heftnaht mit farbigem Garn und markiere dir Anfang und Ende der Tasche mit einer Stecknadel.

02 Von der rechten Seite ist nun deine Markierung gut sichtbar.

03 Zeichne dir am Anfang und am Ende deiner Paspel eine 1cm breite Markierung auf und stecke jetzt die Paspel und den Taschenbeutel auf der rechten Seite fest. Dabei liegen beide Teile knapp über deiner Heftnaht.

04 Nähe anschließend beide Teile mit einer Nahtzugabe von 1cm von Markierung zu Markierung fest.

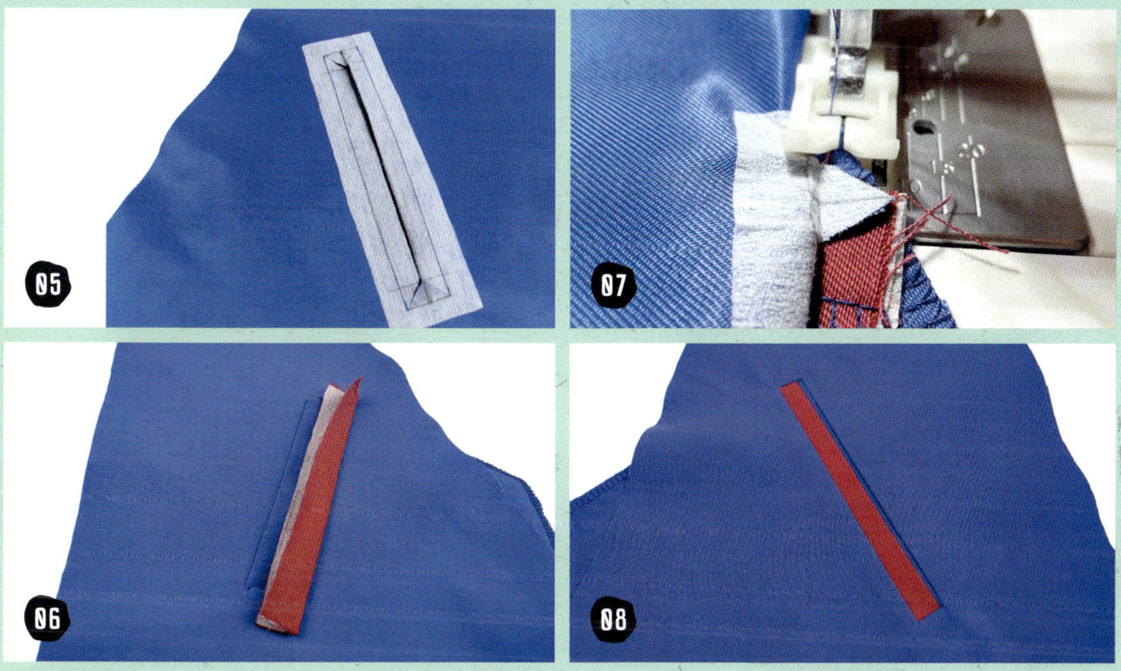

05 Entferne deine Heftnaht und schneide die Tasche jetzt an der mittleren Markierung auf. Der Schnitt endet 1cm vor dem Ende der Naht. Schneide zusätzlich von der Mitte aus schräg in alle vier Ecken. Die Naht darf dabei nicht beschädigt werden.

06 Stülpe den Taschenbeutel und die Paspel nach innen und forme sie sauber aus, damit dir nachher beim Nähen nichts in die Quere kommt und du wirklich nur da nähst, wo die Naht hin soll.

07 Links und rechts von den Paspeln sollte jetzt ein kleines Dreieck zu sehen sein. Steppe dieses Dreieck auf der Nahtzugabe der Paspel fest. Wichtig: Nicht auf dem Schnittteil selbst nähen!

08 Jetzt gehts ans Bügeln! Forme alles ordentlich aus, damit deine Tasche nachher so aussieht wie auf dem Bild.

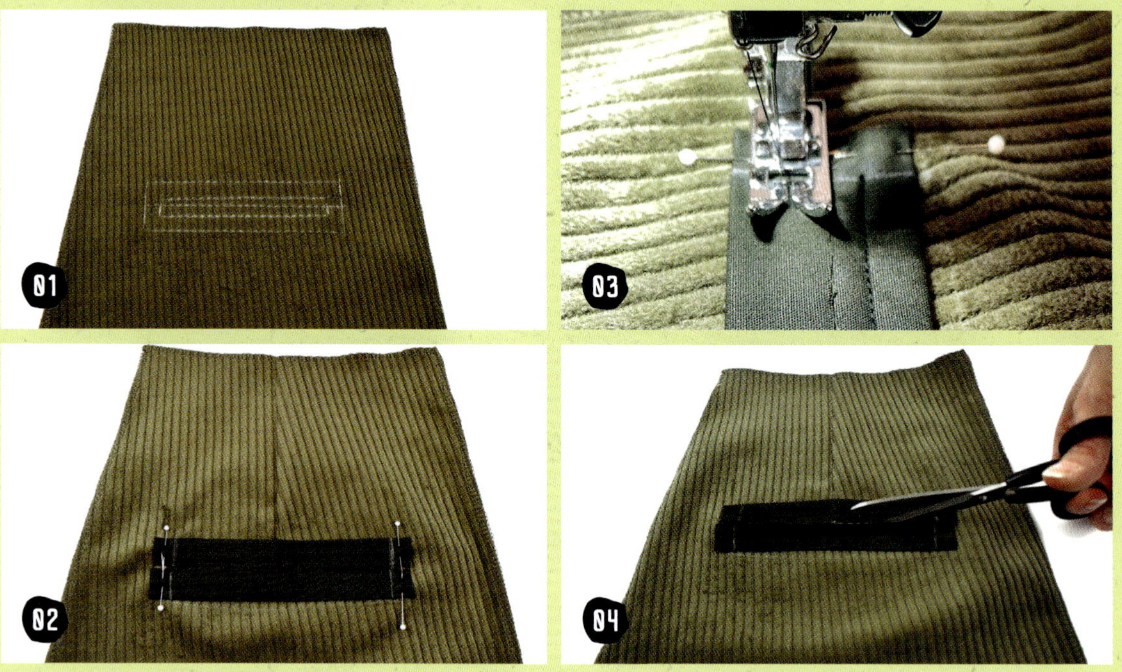

DOPPELTE PASPELTASCHE

Für eins der Modelle im Buch, die Shorts auf Seite 84, werden doppelte Paspeltaschen benötigt. Natürlich sind sie ähnlich zu nähen wie die einseitige Paspeltasche – weil es aber doch ein paar Tricks und Kniffe braucht, findest du hier noch eine vollständige Anleitung.

01 Übertrage die Taschenposition laut Schnittmuster auf dein Schnittteil.

02 Zeichne dir auf den Paspeln links und rechts eine Markierung im Abstand von 1cm auf und stecke die vorbereiteten Paspeln mit der offenen Seite rechts auf rechts an die mittlere Markierung.

03 Nähe jetzt die Paspeln mit 1cm Nahtzugabe von Markierung zu Markierung fest. Verriegle Anfang und Ende der Naht gut.

04 Schneide auf der Mittellinie den Eingriff der Tasche von Markierung zu Markierung ein. Setze dann noch vorsichtig in allen 4 Ecken einen ca. 1cm langen schrägen Schnitt bis zum Ende der Paspel. Die Naht selbst darf dabei nicht eingeschnitten werden.

05 Stülpe die beiden Paspeln dann nach innen und bügle alles ordentlich aus. Links und rechts von den Paspeln sollte jetzt ein kleines Dreieck zu sehen sein.

06 Steppe dieses Dreieck auf der Nahtzugabe fest – nicht auf dem Schnittteil. Anschließend kannst du deine Tasche noch von rechts knappkantig absteppen, so bleibt alles an Ort und Stelle.

07 Stecke den Taschenbeutel mit der unteren Kante auf die Nahtzugabe der unteren Paspel und nähe den Beutel fest. Klappe dafür die Paspel etwas nach oben.

08 Klappe den Taschenbeutel dann nach oben und stecke ihn am Bund und den Seiten fest. Steppe die obere Kante innerhalb der Nahtzugabe an den Bund. So kann später nichts mehr verrutschen. Bügle die Tasche schön gerade und schließe die Seiten des Beutels, die jetzt doppelt liegen. Achte darauf, dass der Taschenbeutel nicht auf der Hose festgenäht wird.

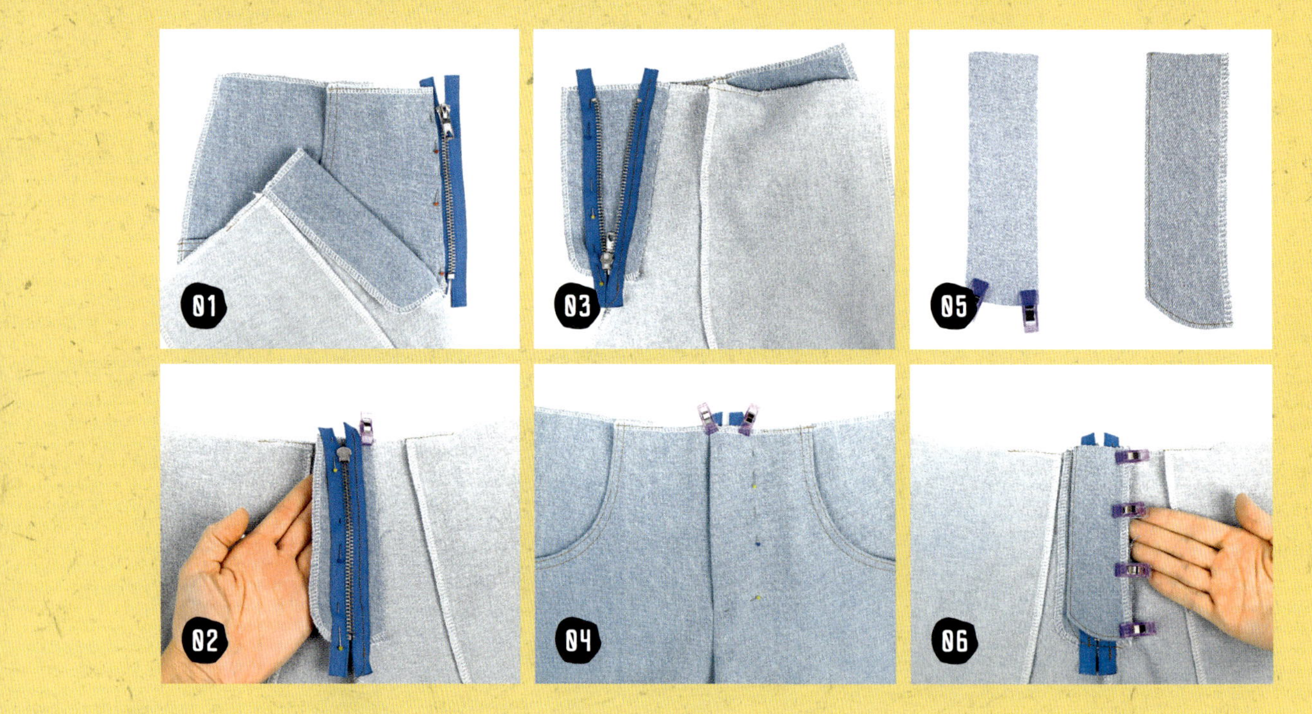

HOSENREISSVERSCHLUSS EINNÄHEN

01 Lege dir den Reißverschluss unter die rechte Hosenseite. Beginne etwa 1cm unterhalb des Hosenbundes und stecke ihn möglichst nah an den Reißverschlusszähnchen fest. Nähe den Reißverschluss knappkantig an. Klappe dann die rechte Hosenseite über den Reißverschluss und fixiere sie am Bund.

02 Drehe dein Schnittteil um und stecke die noch lose Seite des Reißverschlusses an den Übertritt.

03 Klappe die Vorderhose nach hinten weg und nähe den Reißverschluss fest.

04 Steppe jetzt den Übertritt auf der rechten Vorderhose fest. Die Naht endet am unteren Teil mit einer Rundung. Kürze gegebenenfalls den Reißverschluss ein.

05 Lege den Reißverschluss-Untertritt rechts auf rechts in den Stoffbruch und schließe die untere runde Kante. Kürze die Nahtzugabe etwas ein und stülpe den Untertritt um. Forme die Rundung aus und schließe die lange offene Seite mit einem Zickzackstich. Steppe den Übertritt knappkantig ab.

06 Stecke den Untertritt auf der rechten Hosenseite auf dem Reißverschluss fest und nähe ihn nur auf der Nahtzugabe des Reißverschlusses an. Klappe dafür die Vorderhose nach hinten. Fixiere den Untertritt an der runden Seite mit ein paar Stichen an der Vorderhose.

REVERSKRAGEN ANNÄHEN

Die Anatomie eines Reverskragens kann einen beim Blick auf die Schnittmusterbogen schon ein bisschen verwirren. Aber keine Sorge – wenn man mal verstanden hat, wo was hingehört und was wie verbunden werden muss, ist es ganz einfach und deiner coolen Bluse steht nichts mehr im Weg.

01 Klappe dein Oberteil auf und stecke den Unterkragen rechts auf rechts fest. Beginne an der hinteren Mitte. Alle Knipse treffen dabei aufeinander. Nähe den Kragen an.

02 Nähe die beiden vorderen Belege an den Beleg für das Rückteil. Bügle die Nähte flach um.

03 Stecke den Oberkragen jetzt an die vorderen Belege. Beginne an der hinteren Mitte und stecke alle Knipse aufeinander. Nähe den Kragen an.

04 Stecke den Oberkragen jetzt rundherum an dein Vorderteil und nähe alles zusammen. Kürze die Nahtzugabe dann vorsichtig ein.

05 Stecke den Rückteilbeleg fest und steppe ihn von Schulternaht zu Schulternaht knappkantig am Rückteil fest.

06 Wende alles, forme die Ecken aus und bügle deinen Kragen mit Dampf schön in Form.

SÄUMEN

Bei meiner Community bin ich schon als die „Queen of Saum“ bekannt! Ein Saum ist einfach das A und O jedes Nähteils – ist wie Küche aufräumen nach dem Kochen. Wenn vorher alles irgendwie wurschtelig und krumm wirkt: Ein Saum macht alles besser! Hier zeige ich dir, wie du die (gar nicht so) hohe Kunst des Säumens am besten erlernen kannst!

DOPPELT EINGESCHLAGENER SAUM

Der Klassiker unter den Saumarten! Am Ende des Säumens sieht man von außen nur noch eine einzelne Naht, die offenen Kanten sind alle auf der Innenseite deines Nähprojektes versteckt. Dieser Saum ist perfekt für feste Stoffe, die sich nicht so leicht verziehen.

Für einen doppelt eingeschlagenen Saum versäuberst du erstmal die Saumkante (zum Beispiel mit einem Zickzackstich). Dann schlägst du den Saum zweimal 1–1,5 cm nach innen um und nähst ihn fest. Wenn du einen leichten, flatterigen Stoff verwendest, kann es helfen, das Ganze einmal festzubügeln. Tadaaa – fertig ist dein Saum!

SAUM MIT SCHRÄGBAND

Schrägband kann man sich aus Stoffresten einfach zusammenbügeln (zu beachten ist nur, dass der Stoff schräg laufen muss, der Fadenlauf von 45° ist also vorgegeben). Du bekommst es aber auch in allen Formen und Farben im Stoffladen deines Vertrauens. Um mit Schrägband zu säumen, klappst du es erstmal auf und steckst die untere Kante rechts auf rechts auf den Saum, den du bearbeiten möchtest. Jetzt nähst du das Band einmal rundherum knappkantig fest. Wenn du dann noch Nahtzugabe überstehen hast, schneide sie etwas zurück, damit nichts wulstig wird.

Jetzt kannst du das Schrägband um die zu säumende Kante herum umschlagen und feststecken. Die beiden äußeren Ränder des Schrägbands sollten übereinander liegen und gemeinsam knappkantig festgenäht werden.

TURN-UP-SAUM

Oma hätte gesagt „Kind, du hast ja deine Hose umgekrempelt! Komm, ich kürz dir die!“ Der Turn-Up-Saum sieht tatsächlich ein bisschen wie gekrempelt aus – der Look ist aber natürlich gewollt und sieht zum Beispiel bei der Shorts auf Seite 84 super aus! Für diesen Saum schlägst du die Kante deines Nähprojektes zweimal nach außen (!) um und fixierst ihn nur an den beiden Seiten (bei leichtem Stoff, der ein bisschen flattrig daherkommt, kannst du auch rundherum nähen) mit einem Geradstich. Und das war's auch schon! Der Turn-Up-Saum funktioniert besonders gut bei Hosen und festen Stoffen – wenn du ihn mit einem Blusenstoff umsetzen möchtest, empfiehlt es sich, wirklich einmal rundherum zu nähen, sonst klappt sich ein Teil deines Saums wieder nach unten und alles sieht krumpelig aus.

ZWILLINGSNADEL-SAUM

Dieser Saum verleiht Projekten aus elastischem Stoff einen etwas sportlicheren Look. Ein Saum, der mit der Zwillingsnadel genäht wird, ist außerdem stabil, trotzdem elastisch und sieht auch echt nach was aus. Du kannst ihn zum Beispiel bei Ärmelsäumen an T-Shirts verwenden. Für diesen Saum setzt du in deine ganz normale Haushaltsnähmaschine eine Zwillingsnadel ein (Vorsicht, die müssen natürlich auch beide mit Garn versorgt und eingefädelt werden) und dann kanns auch schon losgehen. Zierstiche kannst du mit der Zwillingsnadel nicht verwenden, das wäre aber vielleicht für einen Saum auch ein bisschen zu viel des Guten.

GERAFFTER SAUM

Den gerafften Saum haben wir für die Projekte in diesem Buch nicht verwendet – er steht hier also nur der Vollständigkeit halber. Im gerafften Saum wird ein Gummiband eingenäht, das du dir vorher in der richtigen Länge für dein Hand- oder Fußgelenk zuschneidest und zu einem Ring verbindest. Jetzt einfach nur noch den Saum mit einem Zickzackstich versäubern und dabei das gedehnte Gummiband direkt mit annähen und das Komplizierteste ist schon geschafft. Damit man das Gummiband nachher nicht mehr sieht, schlägst du deinen Saum jetzt nur noch zweimal ein und nähst mit dem Geradstich noch einmal rundherum drüber. Fertig ist dein geraffter Saum!

Die Dreiecke oben rechts auf der ersten Seite eines Projektes geben den Schwierigkeitsgrad an. ***Ein Dreieck:*** *Easy peasy, schnell gemacht!* ***Zwei Dreiecke:*** *Erst reindenken, dann nähen!* ***Drei Dreiecke:*** *Echt tricky, aber kriegst du hin!*

T-SHIRT >> S. 40

LONGSLEEVE >> S. 44

SHORTS >> S. 48

T-SHIRT

MIT EINGENÄHTEN STREIFEN

DIESES SHIRT IST DAS PERFEKTE EINSTEIGER*INNEN-PROJEKT: EASY ZU NÄHEN, TROTZDEM HOHER STYLE-FAKTOR, PERFEKT ZU KOMBINIEREN. ES IST EIN BISSCHEN VON DER SERIE „STRANGER THINGS" INSPIRIERT – EINFACH 80ER-FEELING PUR!

T-SHIRT MIT EINGENÄHTEN STREIFEN

WAS DU BRAUCHST

- Bündchenstoff (70 cm Stoffbreite) in Rot – 20 cm
- Baumwoll Romanit-Jersey (147 cm Stoffbreite) in Weiß (70 cm), Rot, Orange-Braun und Gelb (Reste zu je 4 x 40 cm)
- Allesnäher in Weiß
- Stecknadeln oder Klammern

ZUSCHNEIDEN

- Halslochbündchen, 1x im Stoffbruch • SM 4
- Ärmelbündchen, 2x im Stoffbruch • SM 4
- Ärmel, 2x gegengleich • SM 4
- Vorderteil, 1x im Stoffbruch • SM 4
- Streifen, je 1x in Rot, Orange-Braun und Gelb – auf dem Vorderteil mit abgebildet
- Rückteil, 1x im Stoffbruch • SM 4

WICHTIG!

Du kannst dieses Shirt auch ohne die Streifen in einem Stück nähen, dann musst du aber das Vorderteil anders zuschneiden.

LOS GEHT'S

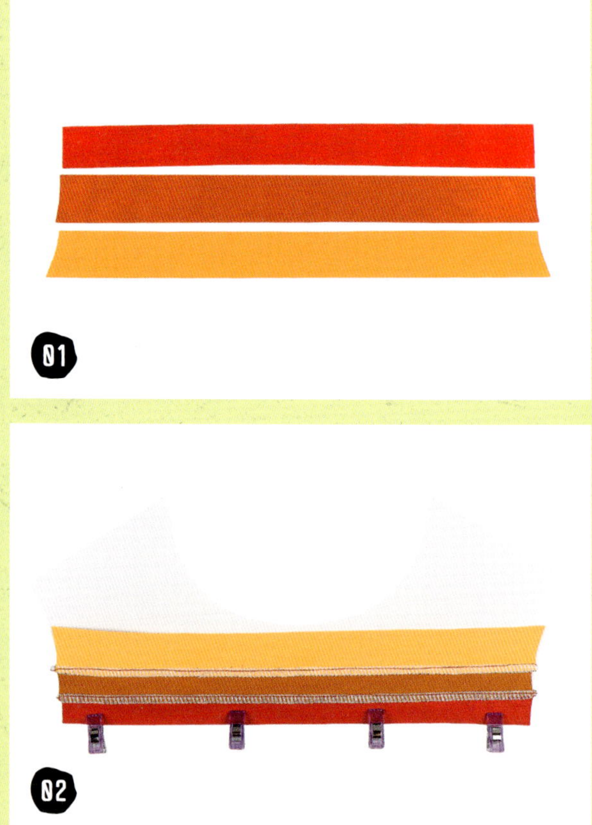

01 Wir beginnen mit der Vorbereitung der Streifen. Nähe die einzelnen Streifen der Reihe nach von oben nach unten zusammen. Die vorgeschlagene Reihenfolge siehst du oben im Bild. Wenn du möchtest, kannst du die Streifen noch knappkantig absteppen. Nähst du ohne die Teilung in Streifen, kannst du auch direkt mit Schritt 4 loslegen.

02 Stecke jetzt deine zusammengenähten Streifen rechts auf rechts auf das obere Vorderteil und verbinde beide Teile.

__Hinweis:__ Wenn nicht anders angegeben, sind bei den Schnitten keine Nahtzugaben dabei. Bitte gib beim Zuschnitt rundum noch 1–1,5 cm Nahtzugabe dazu.

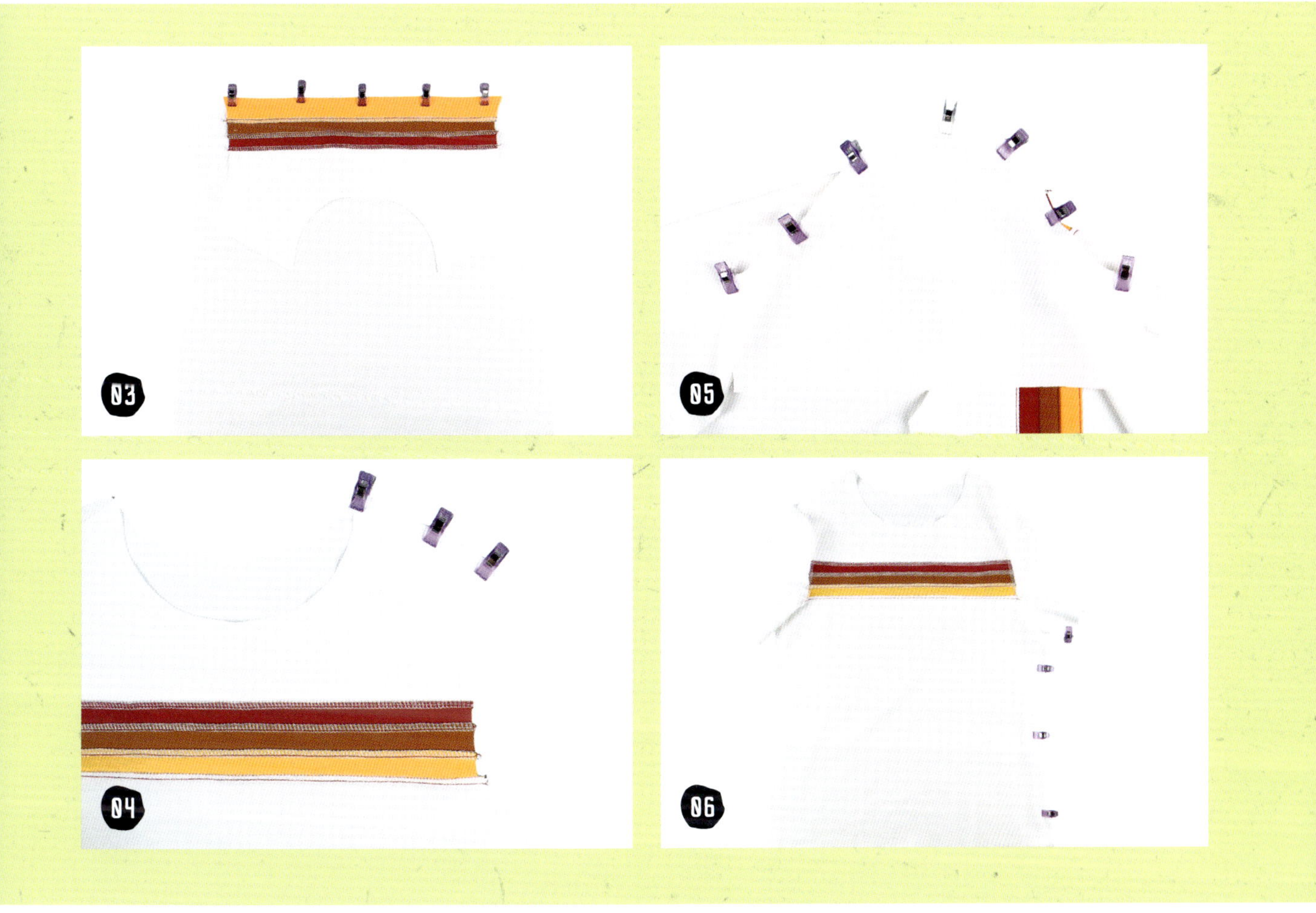

03 Nähe dann auf dieselbe Weise das untere Vorderteil an.

04 Lege das Vorderteil rechts auf rechts auf das Rückteil und schließe die Schulternähte.

05 Stecke die Ärmel rechts auf rechts im Armausschnitt fest und nähe sie an. Das kann ein bisschen fummelig werden, aber es ist wichtig, dass du hier genau arbeitest, sonst hast du Falten auf der Schulter.

06 Klappe jetzt das Shirt rechts auf rechts aufeinander und schließe die Seitennähte. Wende das Shirt und nähe den Saum ca. 2 cm um. Infos dazu findest du auch auf Seite 34. Nähe zum Schluss noch das Hals- und die Ärmelbündchen an. Auch dazu findest du noch eine genauere Anleitung im Grundlagenteil auf Seite 27.

FERTIG!

LONG SLEEVE

MIT BUNTEM MUSTER

DIESES TEIL IST EIN ECHTER ALLROUNDER! DU KANNST ES MIT EINEM FANCY MUSTER IM 80ER-STYLE NACHNÄHEN ODER AUCH ALS TOTALES BASIC-TEIL FÜR JEDEN TAG – DIE STOFFWAHL MACHT ES AUS. WICHTIG IST NUR: BENUTZE EINEN ELASTISCHEN STOFF, DER SICH PERFEKT AN DEINE KÖRPERFORM ANPASST.

LONGSLEEVE MIT BUNTEM MUSTER

WAS DU BRAUCHST

- Gemusterter, elastischer Jersey (Stoffbreite 150 cm) – 100 cm
- Allesnäher in Orange
- Stecknadeln oder Klammern

ZUSCHNEIDEN

- Halslochbündchen, 1x im Stoffbruch • SM 6
- Ärmel, 2x gegengleich • SM 6
- Vorderteil, 1x im Stoffbruch • SM 6
- Rückteil, 1x im Stoffbruch • SM 6

LOS GEHT'S

01

02

01 Lege das Vorderteil rechts auf rechts auf das Rückteil und schließe anschließend die Schulternähte.

02 Stecke die Ärmel jeweils an den Armausschnitt und nähe diese an. Das kann ein bisschen fummelig werden, aber es ist wirklich wichtig, dass du hier genau arbeitest. Sonst hast du nachher Falten auf der Schulter – und die springen einem dann gleich so richtig ins Auge.

Hinweis: *Wenn nicht anders angegeben, sind bei den Schnitten keine Nahtzugaben dabei. Bitte gib beim Zuschnitt rundum noch 1–1,5 cm Nahtzugabe dazu.*

MEIN TIPP

Am besten verwendest du hier Jersey, dieser Stoff ist von Haus aus elastisch – und du musst ihn am Ende nicht mal versäubern! Wenn du außerdem nicht so der Typ für cropped Shirts bist, macht sich dieser Longsleeve auch super ein paar Zentimeter länger.

03 Klappe das Shirt rechts auf rechts aufeinander und schließe die Seitennähte in einer langen Naht.

04 Schließe die kurze Seite des Halsbündchens und klappe es an der langen Seite links auf links im Bruch aufeinander. Stecke das Bündchen rechts auf rechts an den Halsausschnitt und nähe es unter Dehnung fest. Du findest dazu ein paar Tipps und Tricks auf Seite 27.

05 Klappe den Bund und die Armabschlüsse ca. 2 cm nach innen und nähe den Saum. Dazu findest du ebenfalls einige weitere Infos auf Seite 34 im Grundlagenteil.

FERTIG!

GELBE SHORTS

MIT GO-FASTER-STRIPES

DIE ULTIMATIVE SKATER-SHORTS FÜR DEN AUSFLUG MIT DEN NEUEN ROLLSCHUHEN! SIE SIND PERFEKT MIT DEM T-SHIRT VON SEITE 40 ZU KOMBINIEREN UND VERMITTELN DIREKT 80S-VIBES VOM FEINSTEN. HIGH PONYTAIL UND AB GEHT'S!

GELBE SHORTS MIT GO-FASTER-STRIPES

WAS DU BRAUCHST

- Gelber Jersey oder Sommersweat (Stoffbreite 145 cm) – 60 cm
- Jerseyschrägband in Weiß – 300 cm
- Gummiband, 2,5 cm breit, in der Länge deines Taillenumfangs
- Allesnäher in Gelb
- Stecknadeln oder Klammern

ZUSCHNEIDEN

- Bündchen, 1x • SM 2
- Vorderteil, 2x gegengleich • SM 2
- Rückteil, 2x gegengleich • SM 2

LOS GEHT'S

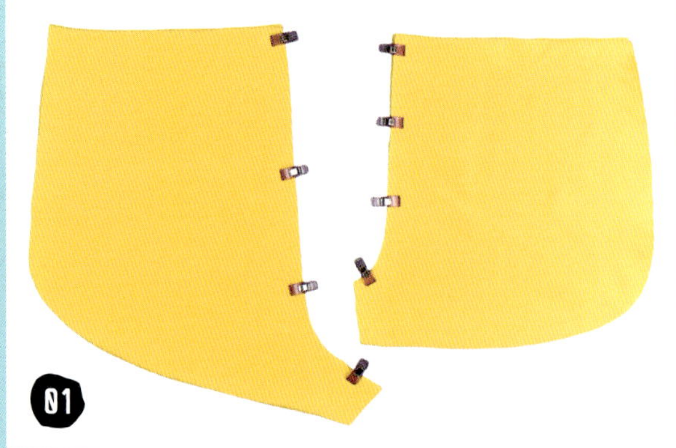

01 Stecke jeweils die Vorder- und Hinterteile rechts auf rechts aufeinander und nähe anschließend beide Teile an der vorderen Mitte entlang zusammen.

02 Lege die Vorderhose rechts auf rechts auf die Hinterhose und schließe die Schrittnaht. Lass dich nicht von der unterschiedlichen Höhe der Schnittteile irritieren, die Hinterhose ist ein bisschen breiter als das Vorderteil – da muss schließlich auch noch ein Po reinpassen.

Hinweis: *Wenn nicht anders angegeben, sind bei den Schnitten keine Nahtzugaben dabei. Bitte gib beim Zuschnitt rundum noch 1–1,5 cm Nahtzugabe dazu.*

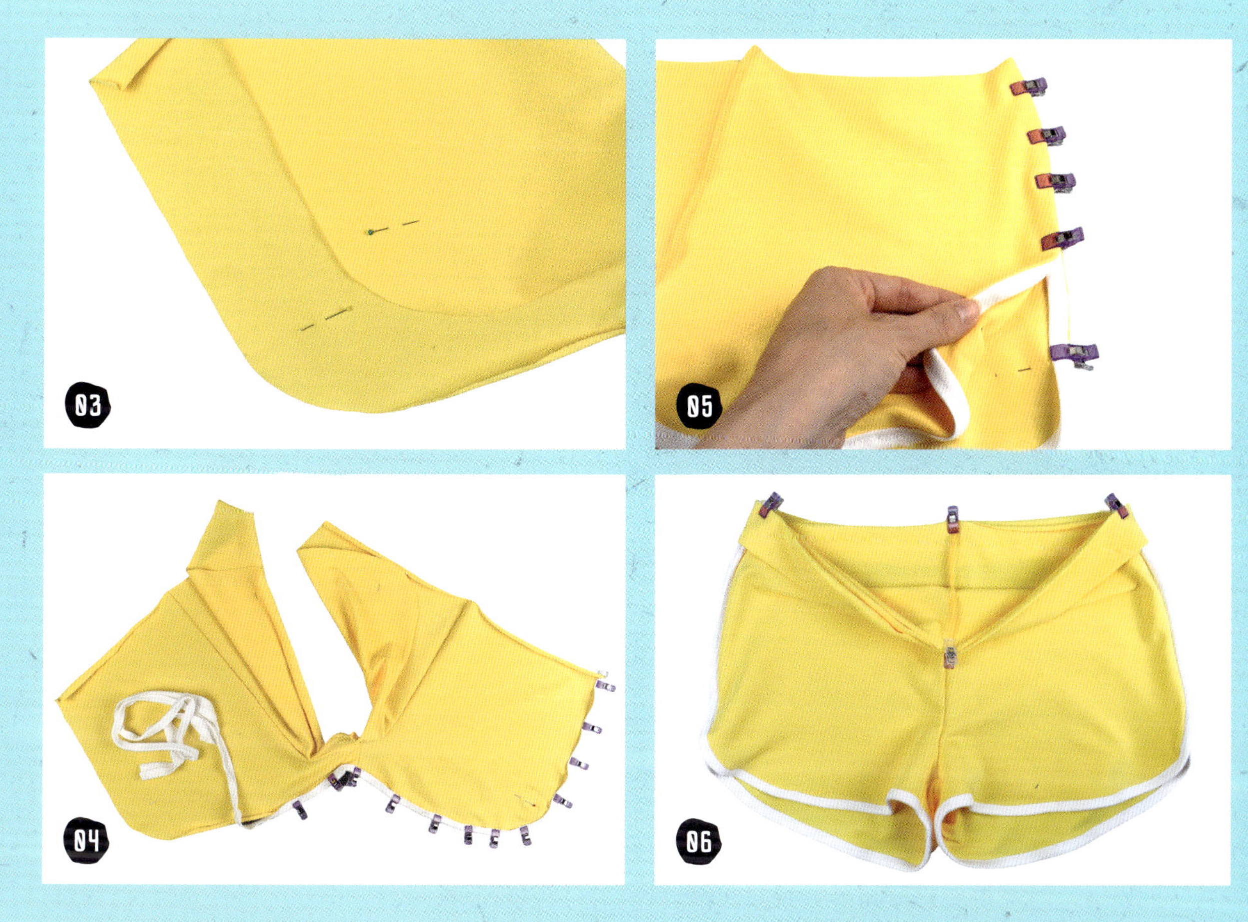

03 Markiere die Knipse, die auf den Schnittteilen auf dem Schnittmusterbogen angezeichnet sind, an den Seitennähten mit einer Stecknadel.

04 Klappe anschließend die Hose auf und fasse die äußeren Kanten mit dem elastischen, weißen Schrägband ein. Der Bund bleibt dabei frei.

05 Stecke die Vorder- und Hinterhose rechts auf rechts zusammen. Das Schrägband wird auf die rechte Seite geklappt. Schließe die Seitennähte bis zur Stecknadelmarkierung. Nähe nicht zu knappkantig, sonst steht das Schrägband nachher ab.

06 Nähe den Bund rechts auf rechts an der kurzen Seite zusammen, falte ihn an der langen Seite im Bruch und nähe ihn an die Hose. Genaue Infos findest du auf Seite 27. Lasse eine Öffnung für das Gummiband.

WEITER GEHT'S

MEIN TIPP

Jetzt solltest du deine Hose kurz anprobieren. Wenn nötig, kannst du das Gummiband noch anpassen.

07 Miss dir das Gummiband entsprechend deinem Taillenumfang aus und ziehe es durch die Öffnung im Bund. Das geht prima mithilfe einer Sicherheitsnadel, die du an das Gummiband hängst und es daran durch den Bund ziehst. Nähe dann das Gummiband anschließend an der kurzen Seite zusammen.

08 Wenn nach der Anprobe alles gut sitzt, schließt du jetzt die Öffnung am Bund.

09 Steppe für einen etwas sportlicheren Look jetzt noch das Gummiband gedehnt in zwei Reihen im Bund fest. Das macht das Ganze auch gleich etwas robuster.

FERTIG!

WALKMAN

PULLOVER >> S. 70

JUMPSUIT >> S. 56

BLUSE >> S. 64

JUMP SUIT

MIT V-AUSSCHNITT

DER JUMPSUIT IST DAS IDEALE TEIL FÜR DEN SOMMER! MIT DEM V-AUSSCHNITT IM WICKEL-LOOK UND MIT EINEM FANCY MUSTER WIRD ES DIREKT ZUM IT-PIECE DEINES KLEIDERSCHRANKES. AUCH HIER KANNST DU MIT EINER ANDEREN STOFFAUSWAHL EIN ALLTAGSTAUGLICHES BASIC-TEIL ZAUBERN.

JUMPSUIT MIT V-AUSSCHNITT

WAS DU BRAUCHST

- Leichte Baumwoll-Webware mit Muster (Stoffbreite 150cm) – 200cm
- Weißer Reißverschluss (Länge: 17cm)
- Allesnäher in Weiß
- Gummiband, 2,5cm breit, in der Länge deines Taillenumfangs
- Zwei Druckknöpfe in Pink
- Stecknadeln oder Klammern

ZUSCHNEIDEN

- Untertritt, 1x • SM 4
- Beleg Rückteil, 1x im Stoffbruch • SM 4
- Beleg Tunnelzug, 1x im Stoffbruch • SM 4
- Hinterhose, 2x gegengleich • SM 4
- Vorderhose, 2x gegengleich • SM 4
- Rückteil, 1x im Stoffbruch • SM 4
- Oberkragen, 1x im Stoffbruch • SM 4
- Unterkragen, 1x im Stoffbruch • SM 4
- Revers, 2x gegengleich • SM 4
- Vorderteil, 2x gegengleich • SM 4
- Ärmel, 2x gegengleich • SM 4

LOS GEHT'S

01

02

01 Versäubere alle Schnittteile mit der Overlock oder dem Zickzackstich deiner Haushaltsnähmaschine. Markiere alle Knipse, die du vom Schnittmusterbogen übertragen hast, mit Stecknadeln.

02 Lege die beiden Vorderteile rechts auf rechts auf das Rückteil und schließe die Schulternähte. Bügle die Naht flach um.

Hinweis: *Wenn nicht anders angegeben, sind bei den Schnitten keine Nahtzugaben dabei. Bitte gib beim Zuschnitt rundum noch 1–1,5 cm Nahtzugabe dazu.*

03 Nähe den Reverskragen und die Belege. Im Grundlagenteil findest du auf Seite 33 noch eine detailliertere Anleitung zum Annähen des Reverskragens.

04 Klappe die vorderen Belege auf die rechte Seite des Oberteils und nähe die kurzen Seiten an der Unterkante fest. Kürze die Ecken vorsichtig ein und wende die Belege wieder nach innen. Bügle die Kanten schön aus.

05 Stecke die Ärmel jeweils rechts auf rechts an deinen Armausschnitt und nähe diese fest. Das kann ein bisschen fummelig werden, aber es ist wirklich wichtig, dass du hier genau arbeitest. Sonst hast du nachher Falten auf der Schulter – und die springen einem dann gleich so richtig ins Auge.

06 Stecke das Oberteil rechts auf rechts zusammen und schließe die Seitennähte.

WEITER GEHT'S

07 Klappe das Oberteil auf und stecke den Tunnel für den Gummizug links auf links fest. Beginne an der hinteren Mitte. Die kurzen Seiten überlappen jetzt leicht die vorderen Belege. Steppe die obere Seite des Tunnels fest. Jetzt hast du den oberen Teil des Jumpsuits schon mal fertiggestellt.

08 Lege beide Teile der Hinterhose aufeinander und schließe die hintere Mitte.

09 Zeichne dir auf beiden Vorderteilen die vordere Mitte und das Ende des Reißverschlusses ein. Zeichne auf dem rechten Vorderteil zusätzlich eine zweite Linie im Abstand von 2 cm parallel zur vorderen Mitte ein. An dieser Linie schneidest du den Untertritt jetzt ab. **Achtung:** Dieser Schritt wird nur beim rechten Hosenteil durchgeführt.

10 Lege jetzt die beiden vorderen Hosenteile rechts auf rechts aufeinander. Die vorderen Mitten treffen dabei genau aufeinander. Nähe nun die Schrittnaht bis zur Reißverschlussmarkierung zusammen und bügle die Naht auseinander.

11 Nähe den Reißverschluss ein. Wie das genau funktioniert, erfährst du auf Seite 32 im Grundlagenteil.

12 Lege nun die Vorderhose rechts auf rechts auf die Hinterhose und schließe dann die beiden Seitennähte.

13 Stülpe die Hose jetzt über das Oberteil. Der Stoff liegt rechts auf rechts. Die Seitennähte treffen dabei exakt aufeinander. Auf der rechten Hosenseite steht das Oberteil jetzt einige Zentimeter über. Stecke alles gut fest und nähe die Hose an. Achte darauf, dass du die Unterkante des Gummizugtunnels mit annähst.

WEITER GEHT'S

14 Schließe dann die Schrittnaht der Hose.

15 Miss dir das Gummiband entsprechend deinem Taillenumfang aus und ziehe es durch die Öffnung im Bund. Das geht prima mithilfe einer Sicherheitsnadel, die du an das Gummiband hängst und es daran durch den Bund ziehst.

16 Stecke die Enden des Gummibandes links und rechts an die kurze Seite des Tunnels und nähe es gut fest.

17 Bringe zum Schluss noch zwei Druckknöpfe an der Überlappung des Oberteils an. So klafft nachher nichts auf, wenn du mit deinem Jumpsuit unterwegs bist.

FERTIG!

BLUSE

MIT CHILLIGEM SITZ

EINMAL MIAMI BEACH UND WIEDER ZURÜCK, BITTE! MIT DEM ZEITLOSEN FIT DIESER BLUSE BIST DU IMMER GUT GESTYLT – SIE PASST AUCH EINFACH MEGA ZUR JEANS AUF SEITE 114. WENN'S DRAUSSEN KÜHL WIRD, KANNST DU AUCH SUPER EIN ENGES LANGARMSHIRT DRUNTERZIEHEN.

BLUSE MIT CHILLIGEM SITZ

WAS DU BRAUCHST

- Fließender Viskose-Blusenstoff mit Muster (Stoffbreite 140 cm) – 120 cm
- 8 schwarze Druckknöpfe
- Allesnäher in Schwarz
- Stecknadeln oder Klammern

ZUSCHNEIDEN

- Beleg Rückteil, 1x im Stoffbruch • SM 1
- Ärmel, 2x gegengleich • SM 1
- Beleg, 2x gegengleich • SM 1
- Oberkragen, 1x im Stoffbruch • SM 1
- Unterkragen, 1x im Stoffbruch • SM 1
- Passe, 1x im Stoffbruch • SM 1
- Rückteil, 1x im Stoffbruch • SM 1
- Vorderteil, 2x gegengleich • SM 1

LOS GEHT'S

01 Stecke als Erstes die Passe rechts auf rechts auf das Rückteil und nähe sie fest. Bügle die Naht um und steppe von rechts knappkantig ab.

02 Lege die beiden Vorteile rechts auf rechts auf das Rückteil und schließe dann die beiden Schulternähte.

__Hinweis:__ Wenn nicht anders angegeben, sind bei den Schnitten keine Nahtzugaben dabei. Bitte gib beim Zuschnitt rundum noch 1–1,5cm Nahtzugabe dazu.

03 Klappe deine Bluse auf, stecke den Unterkragen rechts auf rechts fest. Beginne an der hinteren Mitte, damit die Nähte nachher wirklich bündig aufeinander liegen. Alle Knipse treffen dabei aufeinander.

04 Nähe die beiden Belege des Vorderteiles rechts auf rechts an den Rückteilbeleg an.

05 Stecke dann den Oberkragen an die vorbereiteten Belege. Beginne wieder an der hinteren Mitte. Nähe den Oberkragen an.

06 Stecke jetzt die kurzen Seiten des vorderen Beleges jeweils rechts auf rechts an die Saumkante und nähe die Belege mit einem Geradstich an.

WEITER GEHT'S

KEINE ANGST VOR WILDEN MUSTERN!

07 Stecke den gesamten Beleg an deiner Bluse fest. Beginne wieder in der Mitte des Kragens. Da die Belege am Vorderteil keine Nahtzugabe enthalten, zieht sich jetzt bereits der Saum nach oben. Nähe die Belege rundherum mit einem Geradstich an. Schneide die Nahtzugabe, die du dir jetzt abgenäht hast, etwas zurück und kürze die Ecken ein.

08 Wende deine Belege und forme die Ecken schön aus. Bügle dann alles flach. Nähe den Beleg des Rückteiles zwischen den Schulternähten fest. So kann nichts mehr verrutschen.

09 Stecke jetzt die Ärmel in den Armausschnitt und nähe diese an.

10 Klappe deine Bluse rechts auf rechts aufeinander und schließe die Seitennähte in einer langen Naht.

11 Stecke jetzt den Saum und die Ärmel 2cm um und nähe die Säume (mehr Infos dazu findest du auf Seite 34). Bringe zum Schluss noch die Druckknöpfe an.

FERTIG!

MIT FLEDERMAUS-ÄRMELN

DREI DINGE HABEN SICH UNAUSLÖSCHLICH DURCH DIE 80ER GEZOGEN WIE EIN ROTER FADEN: KNALLIGE FARBEN, ASYMMETRISCHE SCHNITTE UND FLEDERMAUSÄRMEL! (OKAY, VIELLEICHT WAREN ES AUCH MEHR ALS DREI DINGE ;)) FANS DES LETZTEREN KOMMEN HIER AUF JEDEN FALL VOLL AUF IHRE KOSTEN.

PULLOVER MIT FLEDERMAUSÄRMELN

WAS DU BRAUCHST

- Kuschelsweat (Stoffbreite 140 cm) in Rot (50 cm), Grün (80 cm), Gelb (50 cm) und Lila (80 cm)
- Lila Bündchenware (Stoffbreite 95 cm), 20 cm
- Allesnäher in Lila
- Stecknadeln oder Klammern

ZUSCHNEIDEN

- Bündchen Saum, 1x • SM 3
- Ärmelbündchen, 2x • SM 3
- Bündchen Halsloch, 1x • SM 3
- Schulterteil (grün), 1x • SM 3
- Schulterteil (lila), 1x • SM 3
- Unterteil links (rot), 2x gegengleich • SM 3
- Unterteil rechts (gelb), 2x gegengleich • SM 3

MEIN TIPP

Versuch doch für einen anderen Look mal die vier Farben an den vier Bündchen wieder aufzugreifen – oder du probierst eine komplett andere Farbe aus, die sich im Pulli gar nicht wiederfindet.

LOS GEHT'S

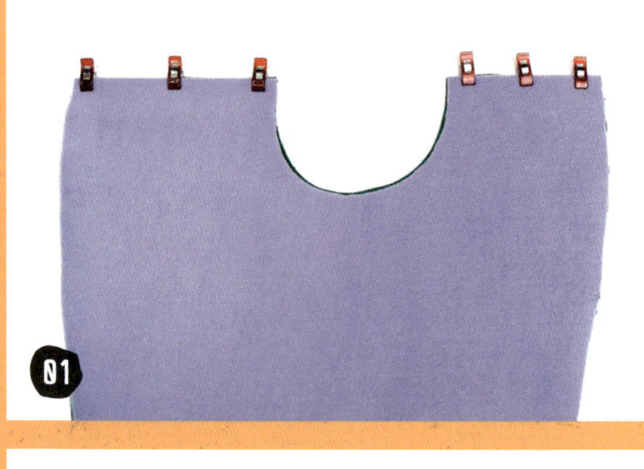

01

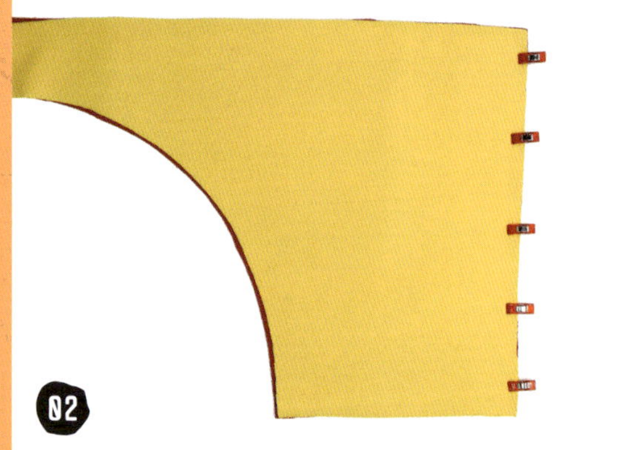

02

01 Lege die beiden Schulterteile rechts auf rechts aufeinander und schließe die Schulternähte. Bügele die Nähte flach um.

02 Lege jetzt die beiden vorderen Unterteile rechts auf rechts aufeinander und nähe diese zusammen. Klappe anschließend die Teile auseinander und bügle die Naht wieder flach um. Verfahre genauso mit den beiden hinteren Unterteilen.

Hinweis: *Wenn nicht anders angegeben, sind bei den Schnitten keine Nahtzugaben dabei. Bitte gib beim Zuschnitt rundum noch 1–1,5 cm Nahtzugabe dazu.*

MEIN TIPP

Wenn du auf Nummer sicher gehen möchtest, kannst du bei 3) die Nähte mit ein paar Steppstichen fixieren.

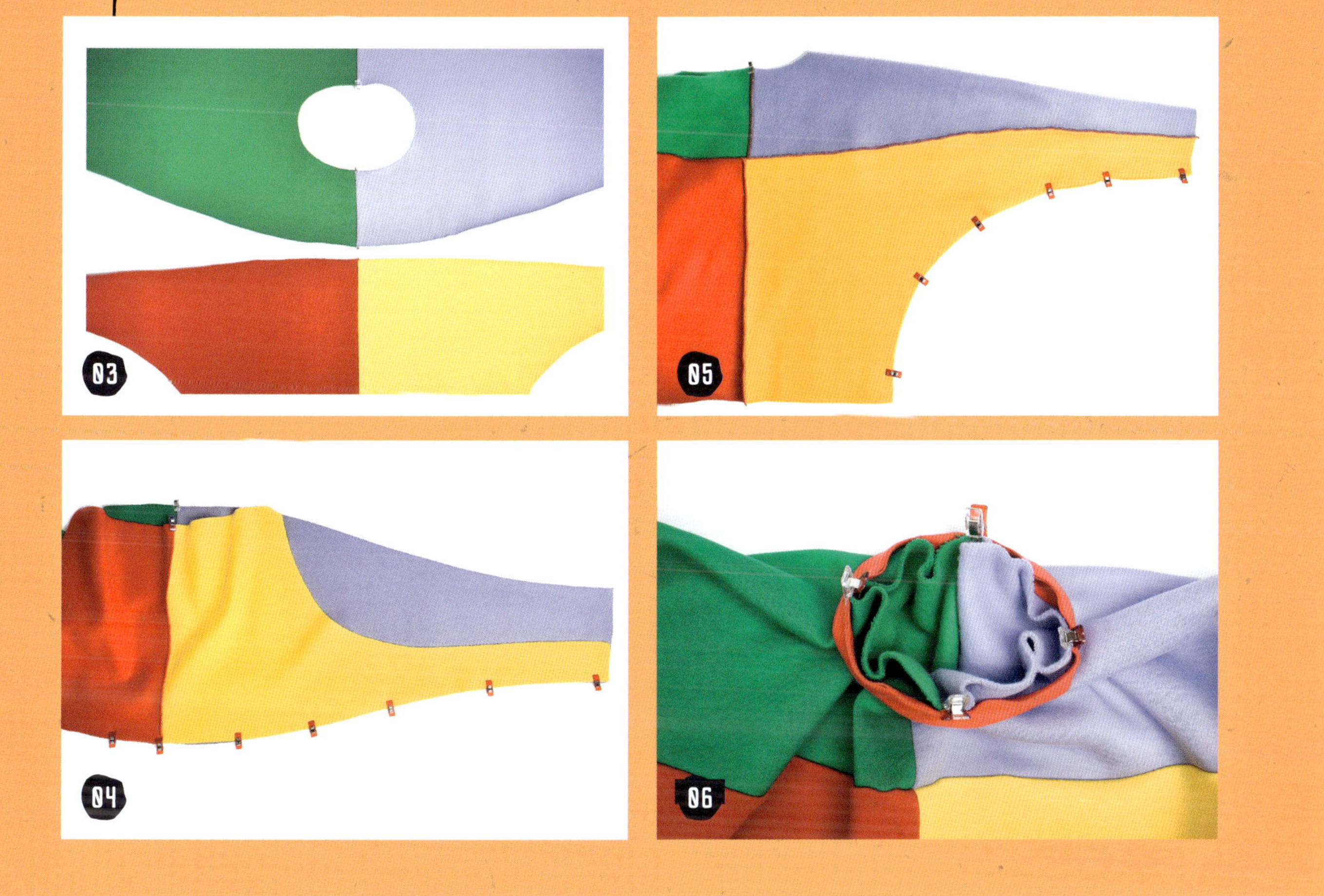

03 Im nächsten Schritt werden die Schulter- und die Unterteile miteinander verbunden. Hierbei liegen die mittleren Teilungsnähte exakt aufeinander. Arbeite hier wirklich genau – es lohnt sich!

04 Wenn du alles gut festgesteckt hast, kontrolliere noch einmal, ob die Mittelnähte exakt aufeinander liegen und nähe das Ober- und Unterteil zusammen. Bügle die Nähte flach und führe dieselben Schritte mit dem Rückteil durch.

05 Klappe den Pullover rechts auf rechts zusammen und schließe die Seitennähte. Wende den Pulli, sodass die rechte Seite wieder außen ist außen.

06 Nähe das Halsbündchen sowie die Saum- und Ärmelbündchen an. Mehr Infos dazu findest du auf Seite 27.

LATZKLEID >> S. 76

SWEATER >> S. 92

CORDSHORTS >> S. 84

LATZ KLEID

AUS DARK DENIM

SWEET, SWEETER, LATZKLEID! MIT WEISSEM SHIRT ODER ROLLKRAGEN-PULLI DRUNTER GANZ EASY ZU KOMBINIEREN. WER MAG, NÄHT FÜR EINE KURZE VARIANTE DES FRÜHLINGSHAFTEN KLEIDS DEN SAUM NOCH ETWAS GROSSZÜGIGER UM.

'til tuesday
Ph.D.
I Won't Let You Down
23 HIT JA
RNIVAL
The Top-Hits '78
Laden
Op Hair
BERLIOZ
FANTASTIQUE
Herbert von Karajan
12.80

LATZKLEID AUS DARK DENIM

WAS DU BRAUCHST

- Festen, dunkelblauen Jeansstoff (Stoffbreite 142 cm) – 90 cm
- Leichter Baumwollstoff (Stoffbreite 150 cm) – 30 cm
- Zwei Latzhosenschnallen
- Reißverschluss in Dunkelblau, 25 cm
- Allesnäher in Dunkelblau
- Stecknadeln oder Klammern

ZUSCHNEIDEN

- Träger, 2x gegengleich • SM 1
- Tasche, 1x • SM 1
- Latz, 2x im Stoffbruch, je einmal aus Jeans und einmal aus leichtem Baumwollstoff • SM 1
- Vorderteil, 1x im Stoffbruch • SM 1
- Rückteil, 2x gegengleich • SM 1
- Rückteil Bund, 2x gegengleich • SM 1

LOS GEHT'S

01

02

01 Versäubere alle Schnittteile mit einem Zickzackstich oder der Overlock. Nähe dann als Erstes die Abnäher des Oberteils und des Rockteils. Wie das funktioniert, erfährst du im Grundlagenteil auf Seite 26 noch mal genauer.

02 Bereite jetzt die Brusttasche vor. Klappe die Nahtzugabe ca. 1 cm nach innen um und fixiere alles mit Stecknadeln. Steppe jetzt nur die obere Kante fest.

***Hinweis:** Wenn nicht anders angegeben, sind bei den Schnitten keine Nahtzugaben dabei. Bitte gib beim Zuschnitt rundum noch 1–1,5 cm Nahtzugabe dazu.*

03 Positioniere die Tasche auf dem Oberteil, stecke alles gut fest und nähe die Tasche auf dem Oberteil an. Die obere Kante bleibt dabei natürlich offen.

04 Lege nun das Oberteil rechts auf rechts auf den Vorderrock und nähe beide Teile zusammen.

05 Als Nächstes wird der Hinterrock vorbereitet. Bügle die beiden Bundteile in den Stoffbruch. Das erleichtert nachher das Einnahen des Reißverschlusses. Stecke das Bundteil rechts auf rechts an das hintere Rockteil und nähe die obere Kante zusammen. Klappe den Bund dann nach oben und bügle die Naht auseinander. Verfahre genauso mit dem zweiten Rockteil.

WEITER GEHT'S

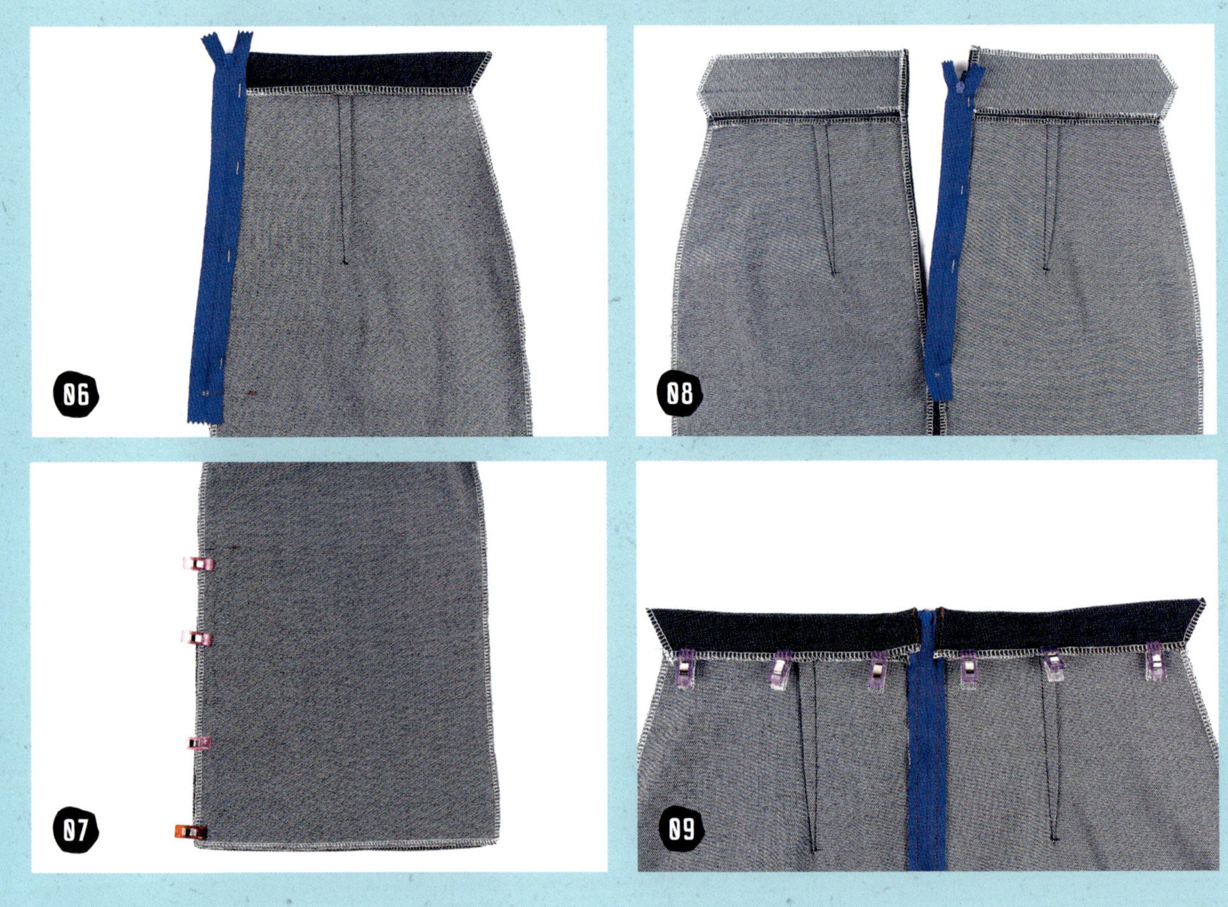

06 Nimm dir eines der beiden Rockteile und stecke den geschlossenen Reißverschluss fest. Der Zipper schließt mit der oberen Bundkante ab. Markiere dir das Ende des Reißverschlusses mit einer Nadel. Dann kannst du ihn noch einmal zur Seite legen.

07 Lege die beiden Rockteile rechts auf rechts aufeinander und nähe diese bis zur Stecknadelmarkierung des Reißverschlusses zusammen. Klappe die Teile auf und bügle die Nahtzugabe auseinander.

08 Stecke jetzt den Reißverschluss an einer Seite des Rockteils fest. Klappe den Bund nach unten und stecke diesen über dem Reißverschluss fest. Nähe den Reißverschluss dann von der rechten Seite an. Verfahre dann genauso mit der anderen Seite.

09 Bügle dann den Bund noch einmal schön aus und stecke die untere Kante auf die Nahtzugabe. Nähe jetzt den Bund fest. Achte darauf, dass nur auf der Nahtzugabe genäht wird, nicht auf dem Rock.

10 Lege jetzt den fertigen Hinterrock rechts auf rechts auf den Vorderrock und schließe die beiden Seitennähte.

11 Nun verstürzen wir noch den Latz. Lege das zweite obere Vorderteil rechts auf rechts auf das Kleid. Dabei wird der Bund überdeckt. Nähe nun beide Teile zusammen. Die untere Seite bleibt dabei offen. Kürze dann die beiden oberen Ecken vorsichtig bis zur Naht ein und wende das Oberteil. Forme die Ecken gut aus und bügle alles schön zurecht.

12 Fixiere die untere Naht jetzt wieder auf der Nahtzugabe und nähe das Futter fest.

13 Klappe den Saum ca. 2 cm nach innen und steppe ihn fest. Weitere Saumvarianten findest du auch noch im Grundlagenteil auf Seite 34.

WEITER GEHT'S

MEIN TIPP

Ein Essstäbchen kann dir bei diesem Schritt super als Wendehilfe dienen.

14 Nimm dir die beiden Trägerteile zur Hand und klappe diese jeweils rechts auf rechts zusammen. Nähe nun die kurze gerade Seite und die lange Seite zusammen. Kürze wieder vorsichtig die Ecke bis zur Naht ein und wende den Träger. Je nachdem wie fest dein Stoff ist, kann dieser Schritt etwas knifflig sein. Bügle den Träger dann mit viel Dampf glatt und steppe die Seiten knappkantig ab. Dasselbe machst du mit dem zweiten Träger.

15 Stecke die Träger an der Nahtzugabe des Bundes fest und fixiere diese zusätzlich mit einer Stecknadel am Bund. Nähe die Träger auf der Nahtzugabe fest. Setze ebenfalls noch eine Naht an der oberen Kante des Bundes, damit nichts mehr verrutscht.

16 Bringe zum Schluss noch deine Latzverschlüsse an.

FERTIG!

CORD SHORTS

MIT BUNDFALTEN

OVERSIZED, ABER TROTZDEM SCHÖN PASSEND AUF TAILLE GESCHNITTEN, VORNE MIT BUNDFALTEN – DIESE SHORTS SIND NICHT NUR STYLISCH, SONDERN AUCH PRAKTISCH! MIT INSGESAMT VIER TASCHEN SIND SIE ZWAR NICHT GANZ EASY ZU NÄHEN, ABER DEFINITIV EIN COOLES BASICTEIL!

CORDSHORTS MIT BUNDFALTEN

WAS DU BRAUCHST

- Baumwollcord mit breiter Rippenstruktur (Stoffbreite 142 cm) – 100 cm
- Leichter Baumwollstoff in Braun oder Grau (Stoffbreite 150 cm) – 50 cm
- Reißverschluss in Oliv, 15 cm
- 1 brauner Knopf, Ø 2 cm
- Allesnäher in Braun
- Stecknadeln oder Klammern

ZUSCHNEIDEN

- Gürtelschlaufen, 4x • SM 6
- Bund, 1x im Stoffbruch • SM 6
- Tasche RT (aus Baumwollstoff), 2x gegengleich • SM 6
- Paspel (aus Baumwollstoff), 2x • SM 6
- Vorderteil, 2x gegengleich • SM 6
- Rückteil, 2x gegengleich • SM 6
- Taschenbeutel (aus Baumwollstoff), 2x gegengleich • SM 6
- Tascheneingriff, 2x gegengleich • SM 6
- Untertritt, 1x • SM 6

HINWEIS

Auf dem Schnittteil für die Paspel ist die Nahtzugabe schon fest eingezeichnet.

LOS GEHT'S

01

02

01 Versäubere alle Schnittteile mit einem Zickzackstich oder der Overlock. Zeichne alle Abnäher, Knipse und die Markierungen für die Falten ein. Verstärke anschließend die Paspeln und die Enden des Hosenbundes mit Vlieseline.

02 Als Erstes widmen wir uns der hinteren Hose. Beginne damit, die Abnäher zu nähen. Genauere Infos dazu, wie du das am besten machst, findest du im Grundlagenteil auf Seite 26.

Hinweis: *Wenn nicht anders angegeben, sind bei den Schnitten keine Nahtzugaben dabei. Bitte gib beim Zuschnitt rundum noch 1–1,5cm Nahtzugabe dazu.*

03 Nähe anschließend die Paspeltaschen und die Taschenbeutel an. Dazu findest du eine kleinschrittige Anleitung im Grundlagenteil auf Seite 30.

04 Lege jetzt die beiden Hosenteile rechts auf rechts aufeinander und nähe diese mit einer Nahtzugabe von 1cm an der geklammerten Linie zusammen. Am besten nutzt du hierfür den Geradstich deiner Nähmaschine. Bügle jetzt die Nahtzugabe ordentlich auseinander.

05 Lege die Vorderhosenteile vor dich und stecke die Falten fest. Dabei treffen die beiden Knipse, die du vom Schnittmusterbogen übertragen hast, aufeinander. Fixiere deine Falten innerhalb der Nahzugabe mit ein paar Stichen.

06 Lege die Taschenbeutel rechts auf rechts auf die Vorderhose und nähe diese an. Klappe dann die Taschenbeutel nach hinten und bügle die Naht flach.

WEITER GEHT'S

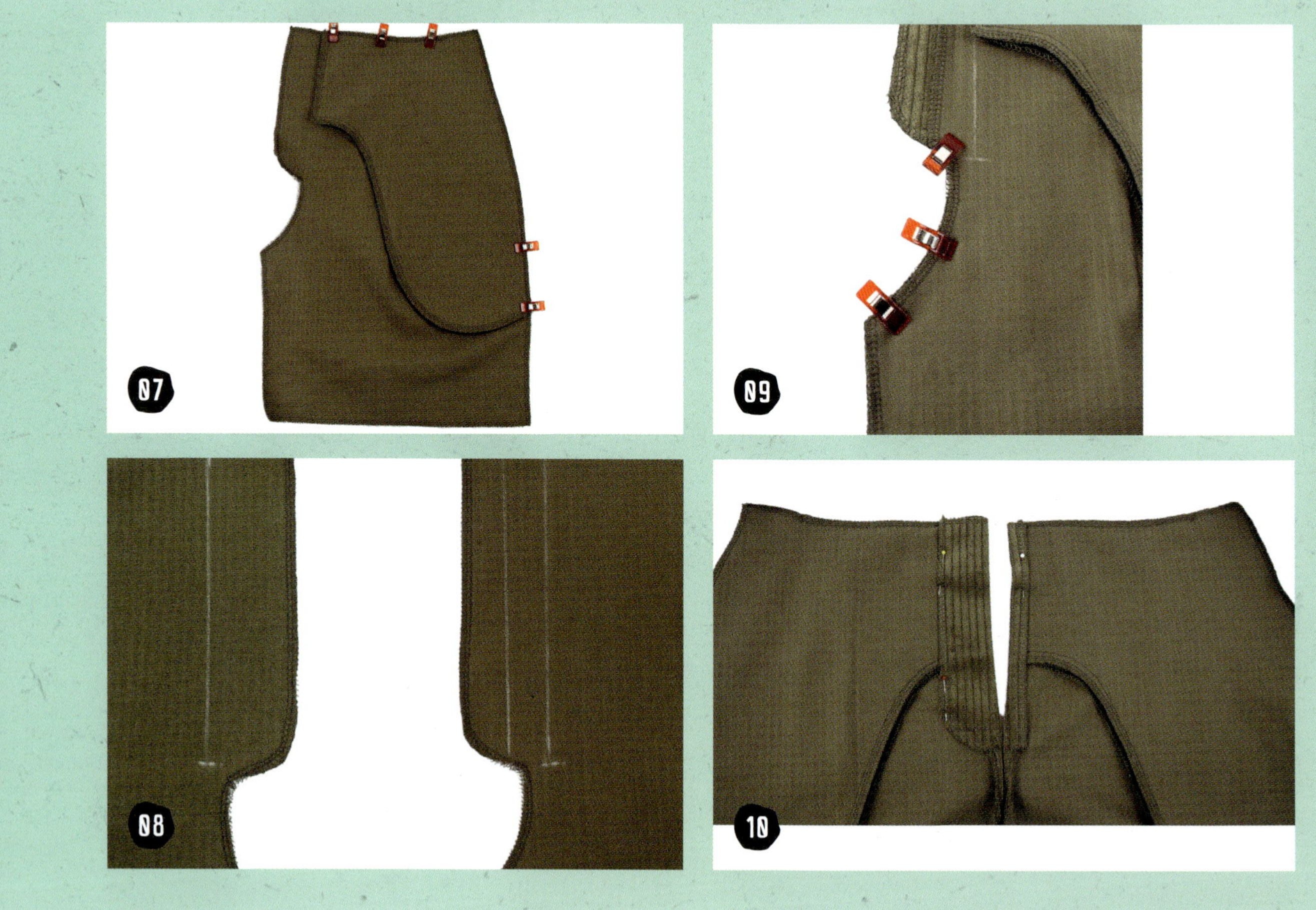

07 Stecke die Tascheneingriffe rechts auf rechts auf den Taschenbeutel und nähe sie zusammen. Fixiere die Taschen mit einigen Stichen auf Seitennaht und Bund.

08 Zeichne dir auf beiden Vorderteilen die vordere Mitte und das Ende des Reißverschlusses ein. Zeichne auf dem rechten Vorderteil zusätzlich eine zweite Linie im Abstand von 2cm parallel zur vorderen Mitte ein. Hier schneidest du den Übertritt **nur vom rechten Hosenteil** jetzt ab.

09 Lege jetzt die beiden vorderen Hosenteile rechts auf rechts aufeinander. Die vorderen Mitten treffen dabei genau aufeinander. Nähe nun die Schrittnaht bis zur Reißverschlussmarkierung zusammen und bügle die Naht auseinander.

10 Bügle jetzt die Übertritte nach innen um. Der kürzere Übertritt wird ca. 0,5cm über die vordere Mitte hinaus gebügelt. Das sorgt später dafür, dass der Reißverschluss nicht zu sehen ist.

11 Nähe den Reißverschluss ein. Wie das genau funktioniert, kannst du im Grundlagenteil auf Seite 32 nachlesen.

12 Lege die Vorderhose rechts auf rechts auf die Hinterhose, stecke die Seitennähte fest und nähe diese zusammen.

13 Nähe jetzt noch die innere Beinnaht. Achte darauf, dass die Mittelnähte exakt aufeinandertreffen.

14 Stecke den Bund rechts auf rechts an die Hose. Beginne an der hinteren Mitte, damit nichts verrutscht. An der vorderen Mitte sollte der Bund links und rechts ein wenig überstehen. Nähe den Bund an.

WEITER GEHT'S

15

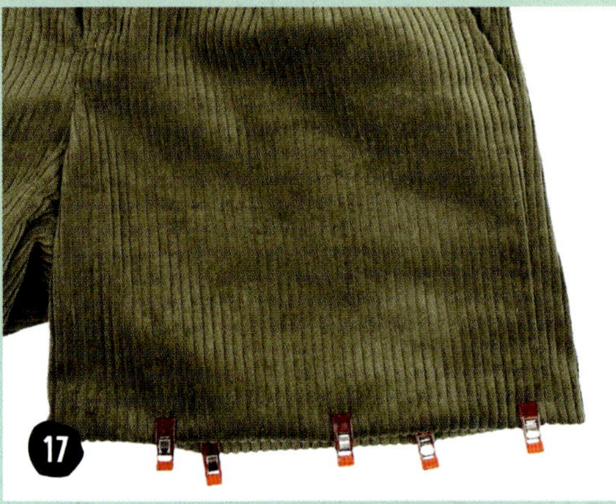
17

16

18

15 Klappe die kurzen Seiten aufeinander und nähe diese an der vorderen Mitte zusammen. Diese Naht sollte jetzt mit dem Über- bzw. Untertritt bündig sein. Kürze die Nahtzugabe ein und wende den Bund. Forme die Ecken aus.

16 Stecke die Innenseite des Bundes jetzt auf der Nahtzugabe fest und nähe ihn an. Steppe ihn anschließend von außen knappkantig ab.

17 Klappe im Anschluss den Beinsaum ca. 2 cm nach innen und nähe den Saum fest.

18 Jetzt nähst du noch (mithilfe des Knopflochstiches deiner Nähmaschine) ein Knopfloch auf der linken Hosenseite. Auf der rechten Seite platzierst du den Knopf. Nähe nun noch die Gürtelschlaufen an.

FERTIG!

SWEATER

MIT REGENBOGEN-APPLIKATION

DEN REGENBOGEN AUF DIESEM SWEATER KANNST DU ANHAND DES SCHNITTES AUS VERSCHIEDENFARBIGEM STOFF ZUSCHNEIDEN – ODER IHN MIT DER STICKMASCHINE AUFSTICKEN, WIE ICH ES DIR AUF SEITE 14 GEZEIGT HABE.

SWEATER MIT REGENBOGEN-APPLIKATION

WAS DU BRAUCHST

- Kuschelsweat (Stoffbreite 140 cm) in Weiß (80 cm) und Mint (70 cm)
- Bündchenware (Stoffbreite 95 cm) in Gelb – 30 cm
- Allesnäher in Gelb und Weiß
- Stecknadeln oder Klammern

Wenn du den Regenbogen aus Stoff ausschneidest und applizierst

- Kuschelsweat in Rot, Gelb, Grün, Blau und Lila – je 30 x 15 cm
- ggf. Vliesofix für die Applikation

ZUSCHNEIDEN

- Saumbündchen, 1x im Stoffbruch • SM 5
- Ärmelbündchen, 2x im Stoffbruch • SM 5
- Halsbündchen, 1x im Stoffbruch • SM 5
- Regenbogen, jedes Teil 1x aus verschiedenen Farben • SM 5
- Ärmel, 2x gegengleich • SM 5
- Rückteil, 1x im Stoffbruch • SM 5
- Vorderteil, 1x im Stoffbruch • SM 5

LOS GEHT'S

01 Zu Beginn wird die Regenbogen-Applikation vorbereitet. Am besten benutzt du für die Applikation Vliesofix. Das verhindert, dass dir der Regenbogen beim Aufnähen verrutscht.

02 Platziere deine fixierte Applikation laut Schnittmuster auf dem Vorderteil und nähe jede Farbe fest. Du kannst dafür einen normalen Geradstich oder einen Zierstich – zum Beispiel sehr engen Zick Zack – verwenden. Auch ein Garn in Kontrastfarbe sieht besonders cool aus.

***Hinweis:** Wenn nicht anders angegeben, sind bei den Schnitten keine Nahtzugaben dabei. Bitte gib beim Zuschnitt rundum noch 1–1,5 cm Nahtzugabe dazu.*

03 Stecke die Ärmel rechts auf rechts an das Vorderteil und nähe sie an.

04 Stecke jetzt das Rückteil ebenfalls rechts auf rechts auf den hinteren Teil des Ärmels und nähe ihn an.

05 Schließe jetzt in einer durchgängigen Naht die Seitennähte.

06 Wende deinen Sweater und nähe zum Schluss noch alle Bündchen an. Tipps und Tricks und eine genauere Anleitung dazu findest du auf Seite 27.

FERTIG!

MEIN TIPP

Für das Bild auf Seite 93 habe ich den Sweater noch gecroppt und den Bund entsprechend höher angenäht. Auf den Schnittmusterbogen findest du die lange Version.

JEANS >> S. 114

ROCK >> S. 106

JACKE >> S. 98

JACKE

MIT FANCY STREIFEN

DIESE LÄSSIGE JACKE AUS SOFTEM BIBERNYLON WIRD DEIN MEISTERSTÜCK AUS DIESEM BUCH! KOMBINIERT MIT EINER ENGEN HOSE KOMMT DER BAUSCHIGE SCHNITT SO RICHTIG GUT ZUR GELTUNG – UND DU KANNST SIE ZU JEDER GELEGENHEIT TRAGEN!

JACKE MIT FANCY STREIFEN

WAS DU BRAUCHST

- Bibernylon (Stoffbreite 145cm) in Blau (130cm), Ocker (70cm) und Rot (60cm)
- Reißverschluss in Gelb – 65cm
- Gummiband in Länge deines Hüftumfangs – 4cm breit
- Allesnäher in Gelb und Weiß
- Stecknadeln oder Klammern

ZUSCHNEIDEN

- Paspel, 2x – SM 2
- Vorderteil Hals (aus rotem Bibernylon), 2x gegengleich • SM 2
- Vorderteil Streifen (aus gelbem Bibernylon), 2x gegengleich • SM 2
- Vorderteil Seite (aus blauem Bibernylon), 2x gegengleich • SM 2
- Ärmel (aus blauem Bibernylon), 2x gegengleich • SM 2
- Taschenbeutel, 2x gegengleich • SM 2
- Brusttasche (aus gelbem Bibernylon), 2x • SM 2
- Kragen (aus rotem Bibernylon), 2x im Stoffbruch • SM 2
- Rückteil Mitte (aus rotem Bibernylon), 1x im Stoffbruch • SM 2
- Rückteil Streifen, 1x im Stoffbruch • SM 2
- Rückteil Seite, 1x im Stoffbruch • SM 2

LOS GEHT'S

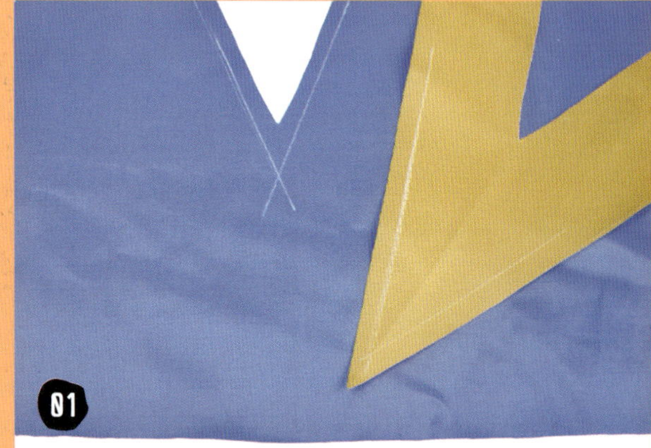

01 Zeichne dir auf dem Rückteil und dem hinteren Streifen die Nahtzugabe auf der linken Seite auf. Dabei überschneiden sich die Markierungen, damit du wirklich eine Spitze auf dem Stoff erkennen kannst.

02 Stecke die beiden Teile zunächst an einer Seite rechts auf rechts aufeinander. Fixiere die Spitze mit einer Stecknadel dort, wo sich die Markierung kreuzt. Nähe dann die Teile bis zu dieser Markierung an.

__Hinweis:__ Wenn nicht anders angegeben, sind bei den Schnitten keine Nahtzugaben dabei. Bitte gib beim Zuschnitt rundum noch 1–1,5 cm Nahtzugabe dazu.

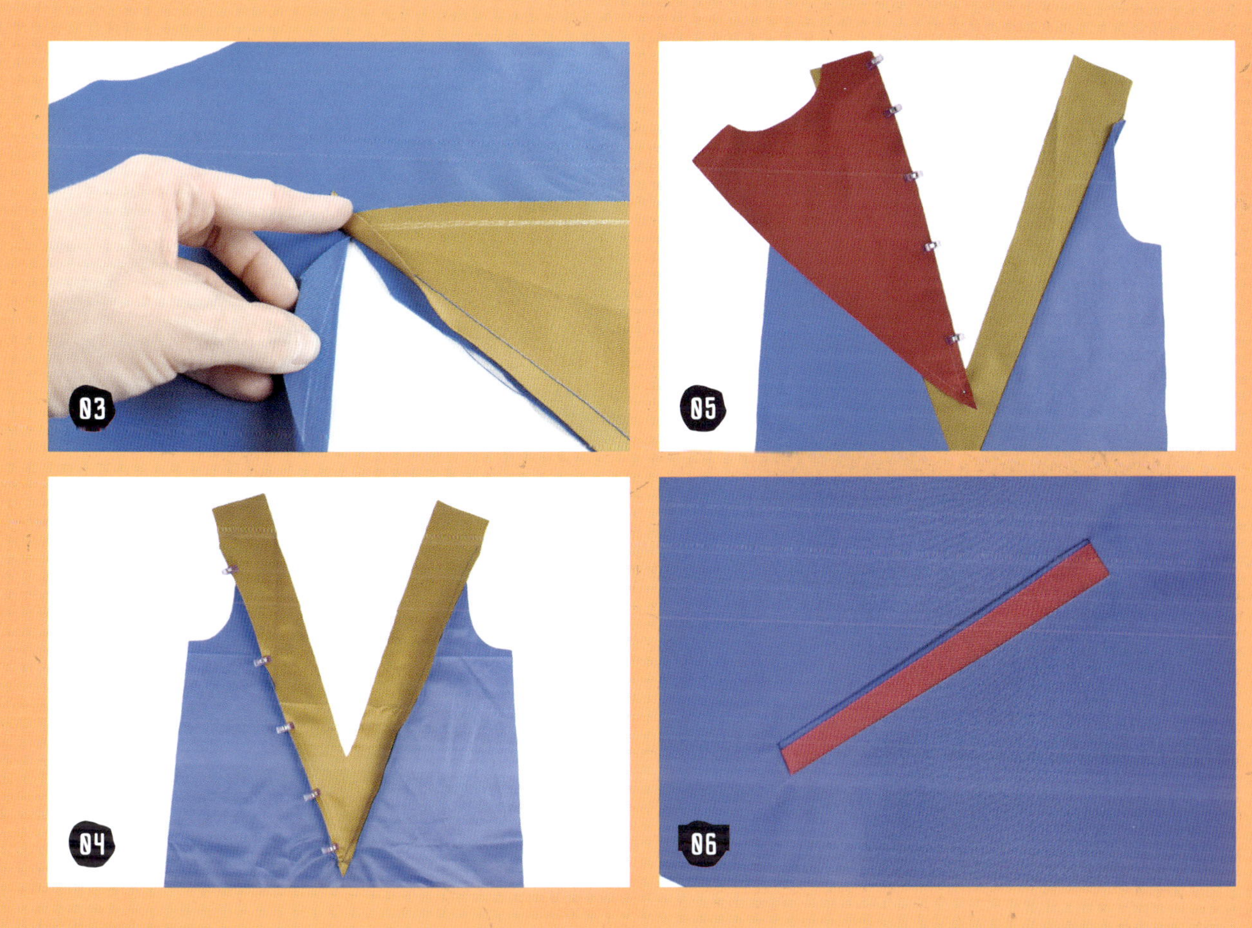

03 Schneide die Spitze des unteren Teils jetzt bis kurz vor die Naht ein.

04 Stecke die zweite Seite jetzt rechts auf rechts fest und nähe genauso bis zur Markierung. Versäubere die Nahtzugabe und bügle die Naht dann flach um.

05 Verfahre genauso mit dem mittleren Teil des Rückteils. Steppe die Nähte knappkantig ab und versäubere anschließend das komplette Rückteil.

06 Nähe die beiden Paspeltaschen an das Vorderteil. Wie das genau geht, erfährst du im Grundlagenteil auf Seite 28.

HINWEIS

Auf dem Schnittteil für die Paspel ist die Nahtzugabe schon fest eingezeichnet.

WEITER GEHT'S

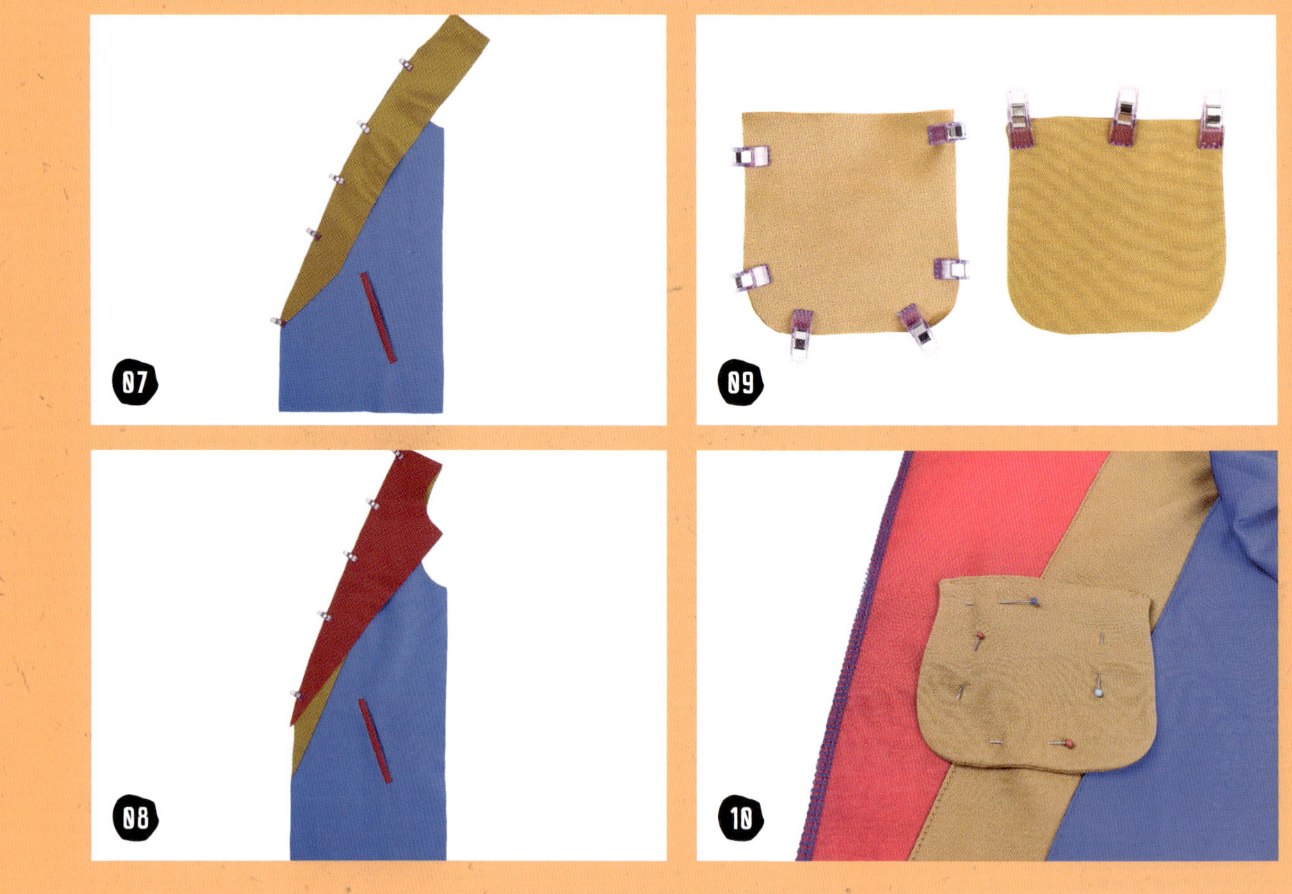

07 Stecke den gelben Streifen rechts auf rechts an das Vorderteil und nähe ihn fest. Klappe ihn um, versäubere die Nahtzugabe und bügle die Naht flach. Steppe knappkantig ab.

08 Nähe auf gleiche Weise den Halsausschnitt an. Verfahre genauso mit der zweiten Jackenvorderseite. Versäubere beide Jackenteile rundherum.

09 Bereite die Brusttasche vor. Lege beide Teile rechts auf rechts aufeinander und nähe sie zusammen. Die obere Kante bleibt offen. Wende die Tasche und stecke die Nahtzugabe der oberen Kante nach innen. Steppe die Kante knappkantig ab.

10 Platziere die Tasche laut Schnittmuster auf dem Vorderteil und nähe sie fest. Die obere Seite wird dabei nicht mit angenäht.

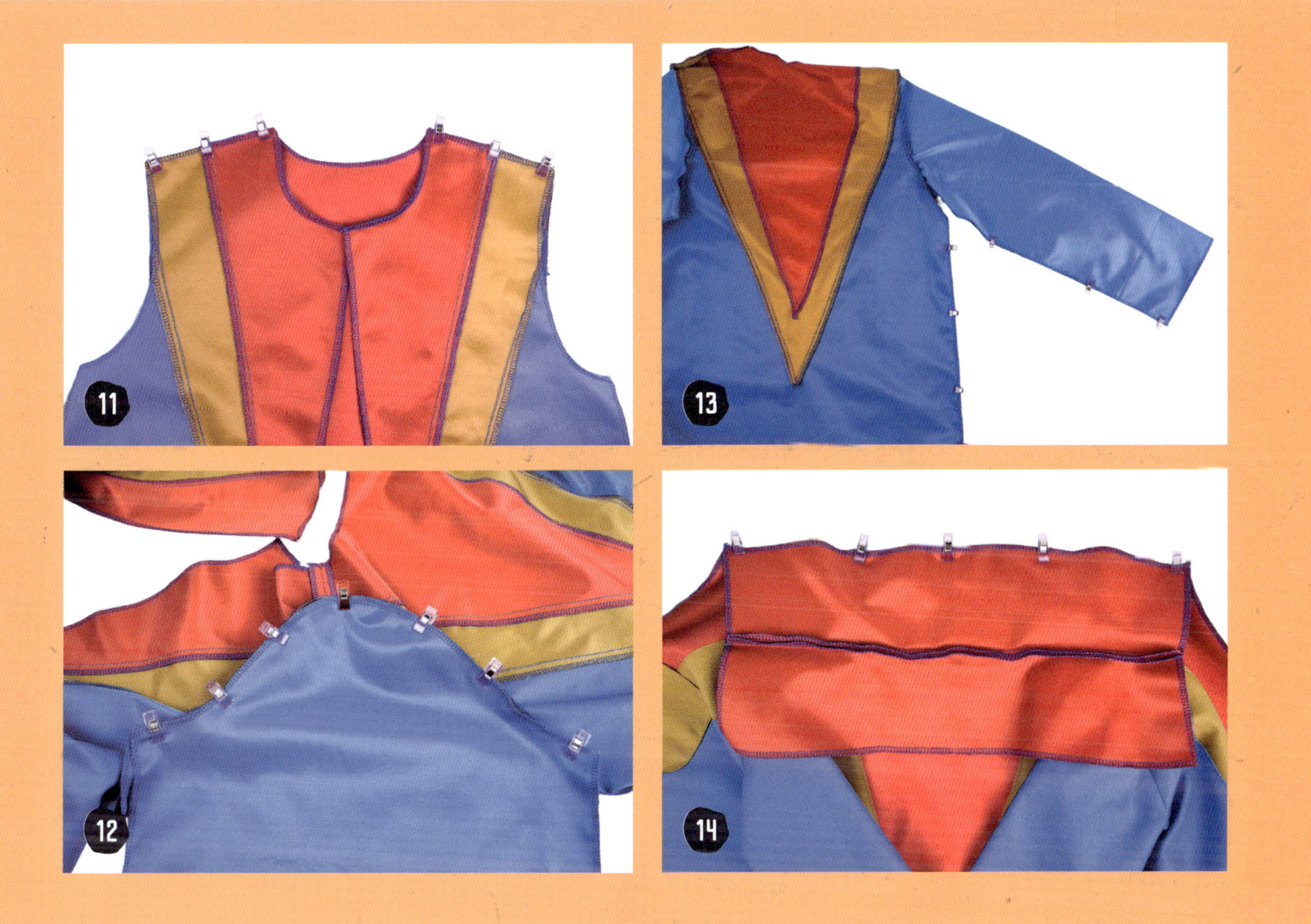

11 Lege Vorderteile und das Rückteil rechts auf rechts aufeinander und schließe anschließend die Schulternähte.

12 Versäubere die beiden Ärmel. Stecke den Ärmel rechts auf rechts an den Armausschnitt und nähe ihn an.

13 Schließe jetzt mit einer durchgängigen Naht die Seitennähte.

14 Versäubere die beiden Kragenteile und nähe sie nur an der oberen Kante rechts auf rechts zusammen. Stecke eine Seite des Kragens an den Halsausschnitt der Jacke und nähe ihn an.

WEITER GEHT'S

15 Öffne deinen Reißverschluss und stecke den Teil ohne Zipper rechts auf rechts an die Jacke. Der Kragen und der Saumbund werden über den Reißverschluss geklappt. Nähe den Reißverschluss fest. Verfahre genauso mit der anderen Seite. Stülpe den Kragen um und forme die Ecke aus (das geht zum Beispiel super mit Essstäbchen).

16 Stecke die untere Seite des Kragens auf der Nahtzugabe des Halsausschnittes fest und nähe ihn an.

17 Schneide dir ein Gummiband in der Länge deines Hüftumfanges zu. Stecke das Gummiband an den noch umgeklappten Saum und nähe es auf der Nahtzugabe des Reißverschlusses fest.

18 Wende den Saumbund und stecke ihn fest. Dabei werden die Taschenbeutel unten mit eingefasst. Nähe den Bund fest. Steppe im Anschluss noch den Reißverschluss knappkantig ab.

19 Steppe den Bund jetzt in mehreren Reihen unter Dehnung auf dem Gummiband fest.

20 Klappe den Ärmelsaum 2cm nach innen und nähe ihn fest. Lass dabei eine Öffnung. Ziehe das Gummiband mithilfe einer Sicherheitsnadel ein und schließe es zum Ring. Schließe dann die Öffnung.

21 Steppe den Saum des Ärmels jetzt in zwei Reihen unter Dehnung auf dem Gummiband fest.

22 Fixiere zum Schluss noch die Taschenbeutel mit ein paar Stichen an einer Naht am Vorderteil.

FERTIG!

ROCK

AUS GLÄNZENDEM KUNSTLEDER

DISCO-FEELING AHOI! NICHTS SCHREIT MEHR „WILLKOMMEN IN DEN 80S“ ALS DIESER STOFF. DIE LUFTIGEN VOLANTS ERGÄNZEN DEN ENGEN SITZ AN HÜFTE UND PO UND SORGEN FÜR BEWEGUNGS-FREIHEIT UND DEN RICHTIGEN SCHWUNG. LET'S DANCE!

ROCK AUS GLÄNZENDEM KUNSTLEDER

WAS DU BRAUCHST

- Kunstleder (Stoffbreite 140 cm) in Silber-Metallic – 100 cm
- Reißverschluss in Grau – 22 cm
- Allesnäher in Schwarz
- Stecknadeln oder Klammern

ZUSCHNEIDEN

- Vorderteil, 1x im Stoffbruch • SM 5
- Bund, 1x im Stoffbruch • SM 5
- Passe Rückteil Mitte, 2x gegengleich • SM 5
- Passe Rückteil Seite, 2x gegengleich • SM 5
- Passe Vorderteil Mitte, 2x gegengleich • SM 5
- Passe Vorderteil Seite, 2x gegengleich • SM 5
- Volant unten vorne, 1x im Stoffbruch • SM 5
- Volant unten hinten, 2x gegengleich • SM 5
- Volant oben vorne, 1x im Stoffbruch • SM 5
- Volant oben hinten, 2x gegengleich • SM 5
- Rückteil, 2x gegengleich • SM 5

LOS GEHT'S

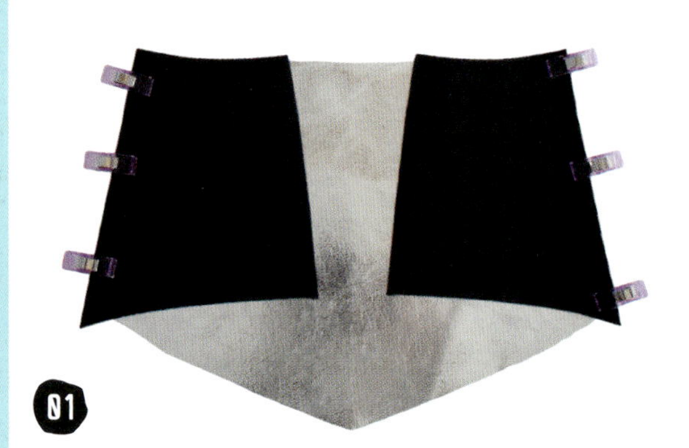
01

02

01 Lege die beiden vorderen Passen rechts auf rechts auf das Vorderteil und nähe die Kanten zusammen. Klappe die Nahtzugaben zur Seite und steppe sie anschließend knappkantig ab.

02 Verfahre genauso mit den Hinterteilen.

Hinweis: *Wenn nicht anders angegeben, sind bei den Schnitten keine Nahtzugaben dabei. Bitte gib beim Zuschnitt rundum noch 1–1,5 cm Nahtzugabe dazu.*

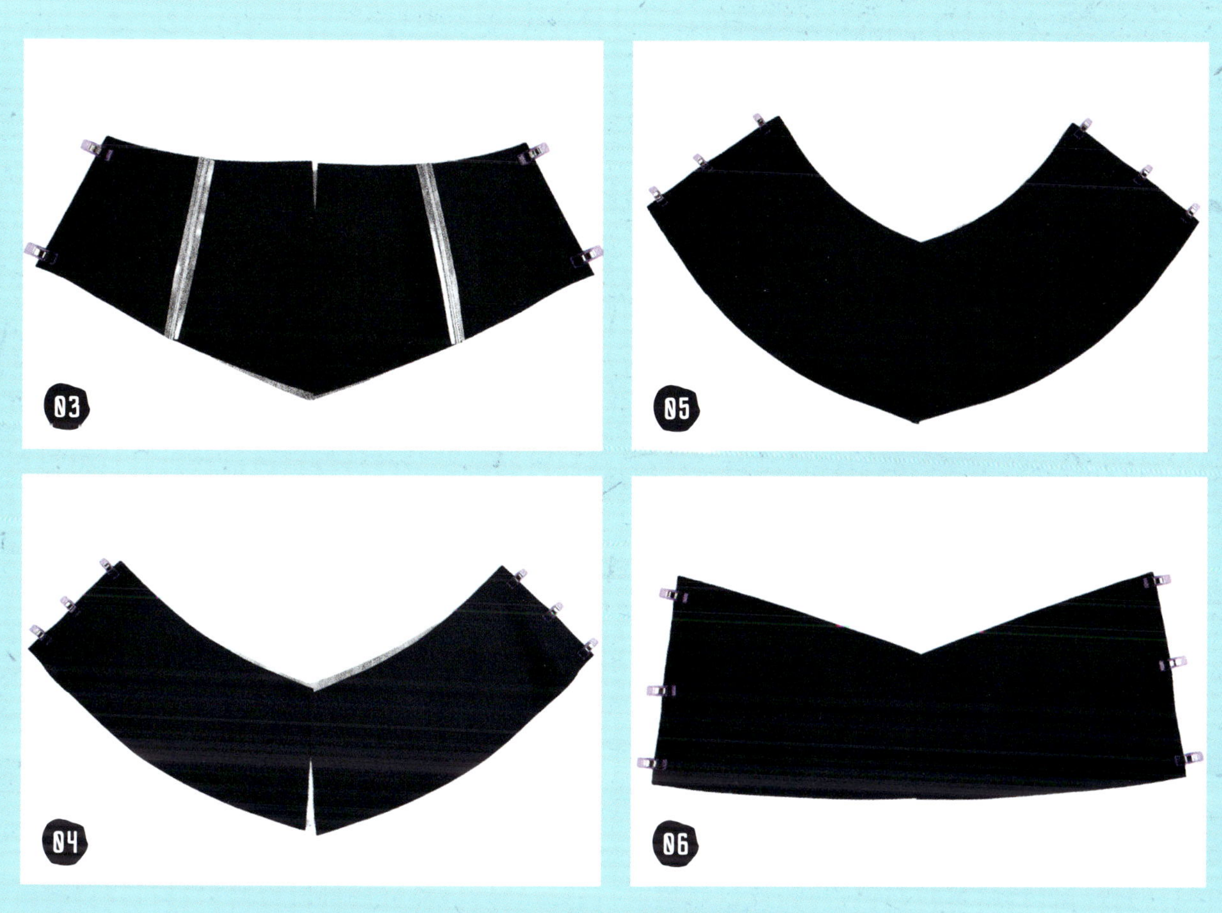

03 Lege die beiden Hinterteile rechts auf rechts auf das Vorderteil und schließe die Seitennähte. Steppe auch diese wieder knappkantig ab.

04 Stecke jetzt die beiden oberen hinteren Volants an den oberen vorderen Volant und nähe diese zusammen. Steppe die Nähte knappkantig ab.

05 Genauso verfährst du wieder mit den unteren Volants.

06 Stecke die beiden hinteren Unterteile rechts auf rechts an das vordere Unterteil. Schließe die Seitennähte und steppe sie knappkantig ab.

WEITER GEHT'S

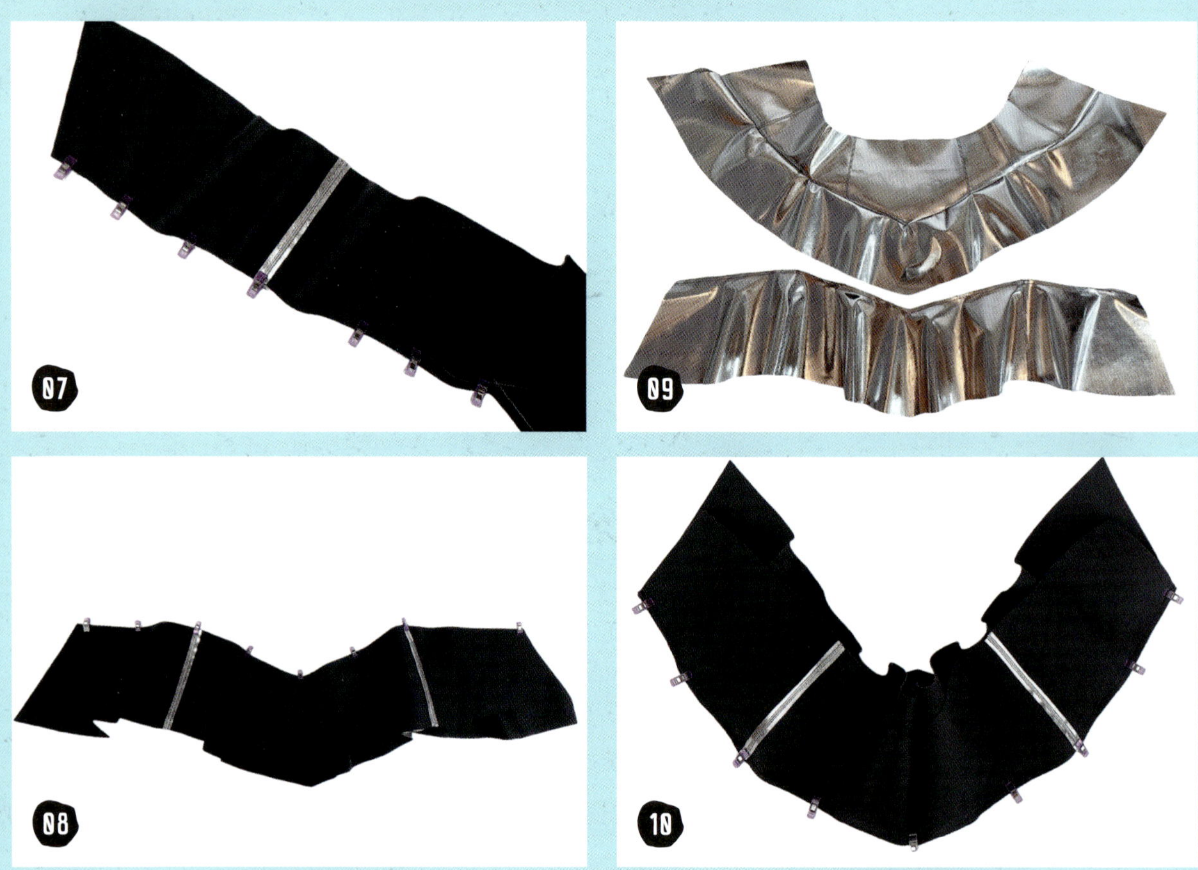

07 Zeichne dir auf dem Vorderteil und dem oberen Volant die Nahtzugabe an den Spitzen ein und stecke zunächst eine Seite des Volants rechts auf rechts an das Oberteil. Nähe beide Teile innerhalb der Nahtzugabe bis zur Markierung zusammen. Schneide die Spitze vorsichtig bis zur Naht ein und stecke die andere Seite fest. Nähe auch diese an.

08 Stecke den unteren hinteren Volant rechts auf links auf den oberen hinteren und nähe die Teile aufeinander.

09 Jetzt hast du das Oberteil und das Unterteil, bei dem die Stofflagen doppelt aufeinander liegen, vorbereitet. Nun müssen diese noch verbunden werden.

10 Klappe den oberen Volant nach oben. Stecke jetzt das Unterteil rechts auf rechts auf das Oberteil und nähe beides zusammen. Klappe dann den Rock auf und steppe die Naht zwischen Oberteil und oberem Volant knappkantig ab.

11 Stecke den Bund rechts auf rechts an das Oberteil und nähe ihn an.

12 Klappe den Rock rechts auf rechts zusammen und schließe die hintere Mitte bis knapp über der Naht des Unterteils.

13 Klappe die Nahtzugabe des oberen Rückteils nach innen. Da sich Kunstleder kaum mit Stecknadeln stecken lässt, habe ich mit Stylefix gearbeitet. Du kannst aber auch Klammern verwenden.

14 Lege den Reißverschluss jetzt von innen an die vorbereitete Kante und fixiere ihn an einer Seite wieder mit Stylefix oder auch einigen Handstichen. Beginne im Bruch des Bundes. Klappe den Bund nach unten über den Reißverschluss.

WEITER GEHT'S

MEIN TIPP

Die Einzelteile des Rockes sind nicht ganz einfach auseinanderzuhalten. Am besten schreibst du dir die Namen auf die Rückseite des Stoffes.

15 Nähe den Reißverschluss von außen knappkantig an. Verfahre genauso mit der anderen Seite.

16 Fixiere jetzt den restlichen Bund mit Stylefix oder einigen Handstichen auf der Nahtzugabe und steppe ihn von außen fest. Das Kunstleder musst du nicht versäubern.

FERTIG!

POLAROID LAND CAMERA

JEANS

MIT CHILLIGEM SITZ

MOM-JEANS, BESTE JEANS! DIESE HOSE KANNST DU EINFACH IMMER UND ÜBERALL ANZIEHEN, SIE IST DAS PERFEKTE KOMBI-TEIL. SIE LÄSST SICH ABER AUCH (SIEHE TIPP) SUPER PIMPEN UND WIRD DANN SCHNELL ZUM IT-PIECE IN DEINEM KLEIDERSCHRANK.

JEANS MIT LOCKEREM SITZ

WAS DU BRAUCHST

- Leichter Jeansstoff (Stoffbreite 150 cm) – 150 cm
- Leichter Baumwollstoff (Stoffbreite 150 cm) – 30 cm
- Vlieseline – 8 x 4 cm
- Allesnäher in Weiß
- 1 Metallknopf, Ø 2 cm
- Stecknadeln oder Klammern

ZUSCHNEIDEN

- Gürtelschlaufe, 4x • SM 3
- Bund, 1x im Stoffbruch • SM 3
- Gesäßtasche, 2x • SM 3
- Passe, 2x gegengleich • SM 3
- Rückteil, 2x gegengleich • SM 3
- Untertritt, 1x • SM 3
- Taschenbeutel Futter (aus leichtem Baumwollstoff), 2x gegengleich• SM 3
- Tascheneingriff, 2x gegengleich • SM 3
- Vorderteil, 2x gegengleich • SM 3

MEIN TIPP

Jeans lässt sich super pimpen! Ich benutze dazu gerne Bleiche und mache ein Washing oder sticke kleine Motive auf. Auch mit Patches lässt sich die Jeans gut aufpeppen.

LOS GEHT'S

01

02

01 Versäubere alle Schnittteile mit einem Zickzackstich oder der Overlock. Verstärke die kurzen Seiten des Bundes mit Vlieseline. Diese kannst du einfach mit Backpapier abdecken und aufbügeln.

02 Bereite die Gesäßtaschen vor. Klappe die Nahtzugabe ca. 1 cm nach innen um und fixiere alles mit Stecknadeln. Steppe jetzt nur die obere Kante fest.

Hinweis: Wenn nicht anders angegeben, sind bei den Schnitten keine Nahtzugaben dabei. Bitte gib beim Zuschnitt rundum noch 1–1,5 cm Nahtzugabe dazu.

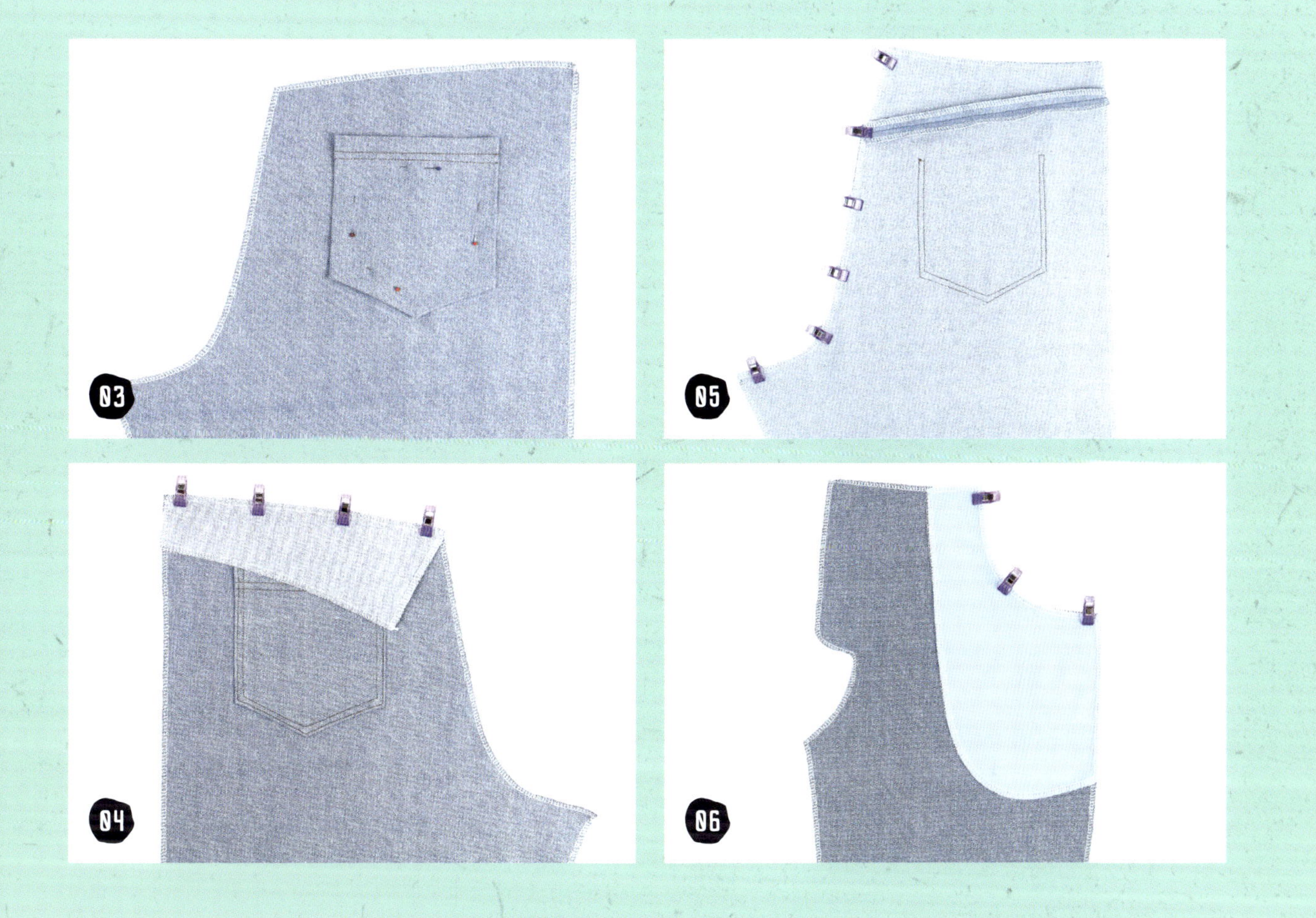

03 Positioniere die Taschen laut Schnittmuster auf den beiden Teilen der Hinterhose, stecke alles gut fest und nähe die Taschen an. Die obere Kante bleibt offen.

04 Stecke jeweils eine Passe an die Hinterhosenteile und nähe sie fest. Bügle die Naht flach um.

05 Lege beide Hosenteile rechts auf rechts und schließe die hintere Schrittnaht.

06 Stecke das Taschenfutter rechts auf rechts an den Taschenausschnitt der Vorderhose und nähe es an. Klappe das Futter nach innen. Bügle die Naht schön aus und steppe sie von rechts ab.

WEITER GEHT'S

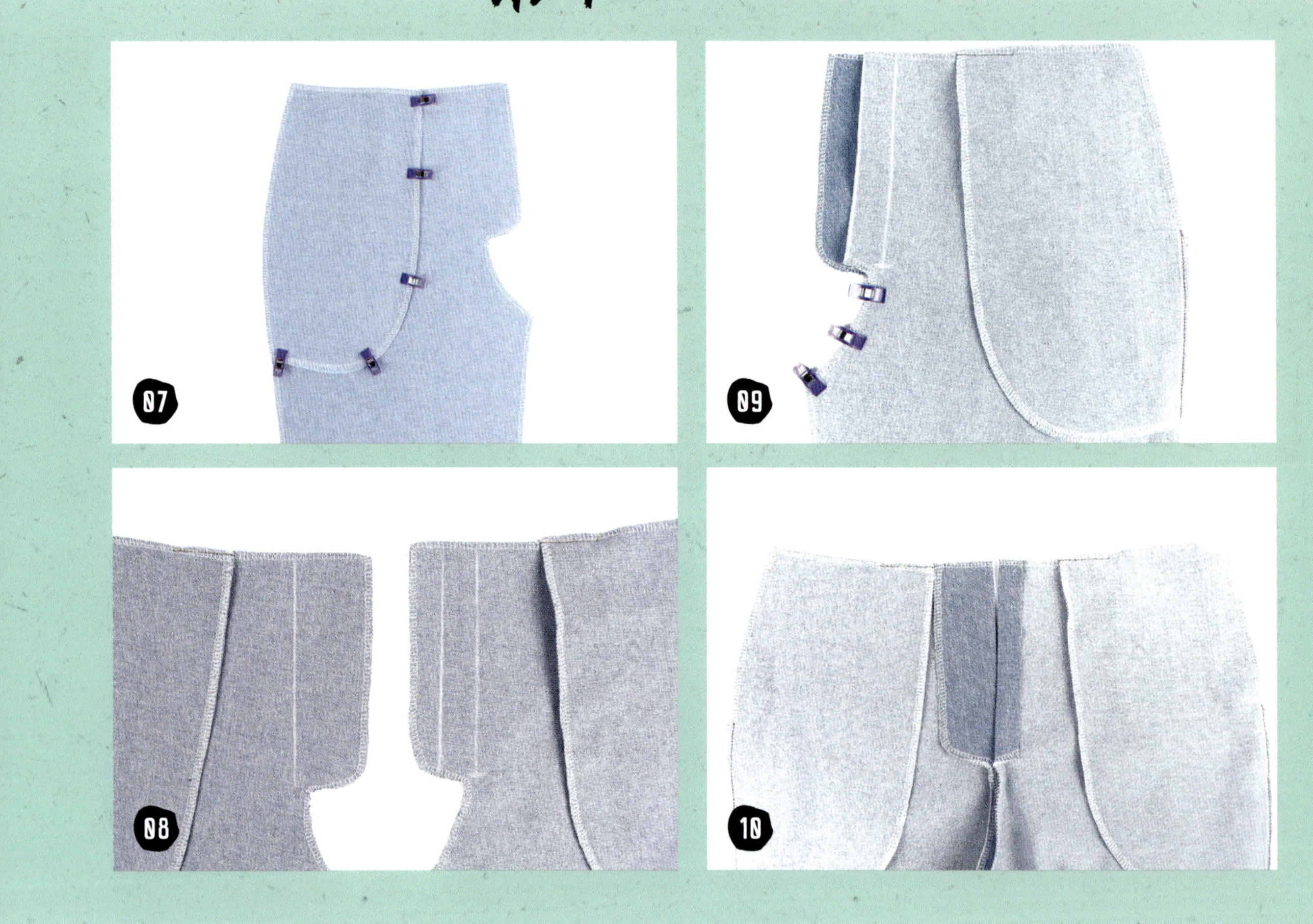

07 Lege den Taschenbeutel rechts auf rechts auf das Taschenfutter und nähe beide Teile zusammen. Fixiere anschließend die Taschen mit ein paar Stichen am Bund und der Seitennaht. So kann dir später nichts mehr verrutschen.

08 Zeichne dir auf beiden Vorderteilen die vordere Mitte und das Ende des Reißverschlusses ein.

09 Zeichne auf dem rechten Vorderteil zusätzlich eine zweite Linie im Abstand von 2 cm parallel zur vorderen Mitte ein. An dieser Linie schneidest du den Untertritt jetzt ab. **Achtung:** Dieser Schritt wird nur beim rechten Hosenteil durchgeführt.

10 Lege jetzt die beiden vorderen Hosenteile rechts auf rechts aufeinander. Die vorderen Mitten treffen aufeinander. Nähe die Schrittnaht bis zur Markierung zusammen, bügle die Naht auseinander.

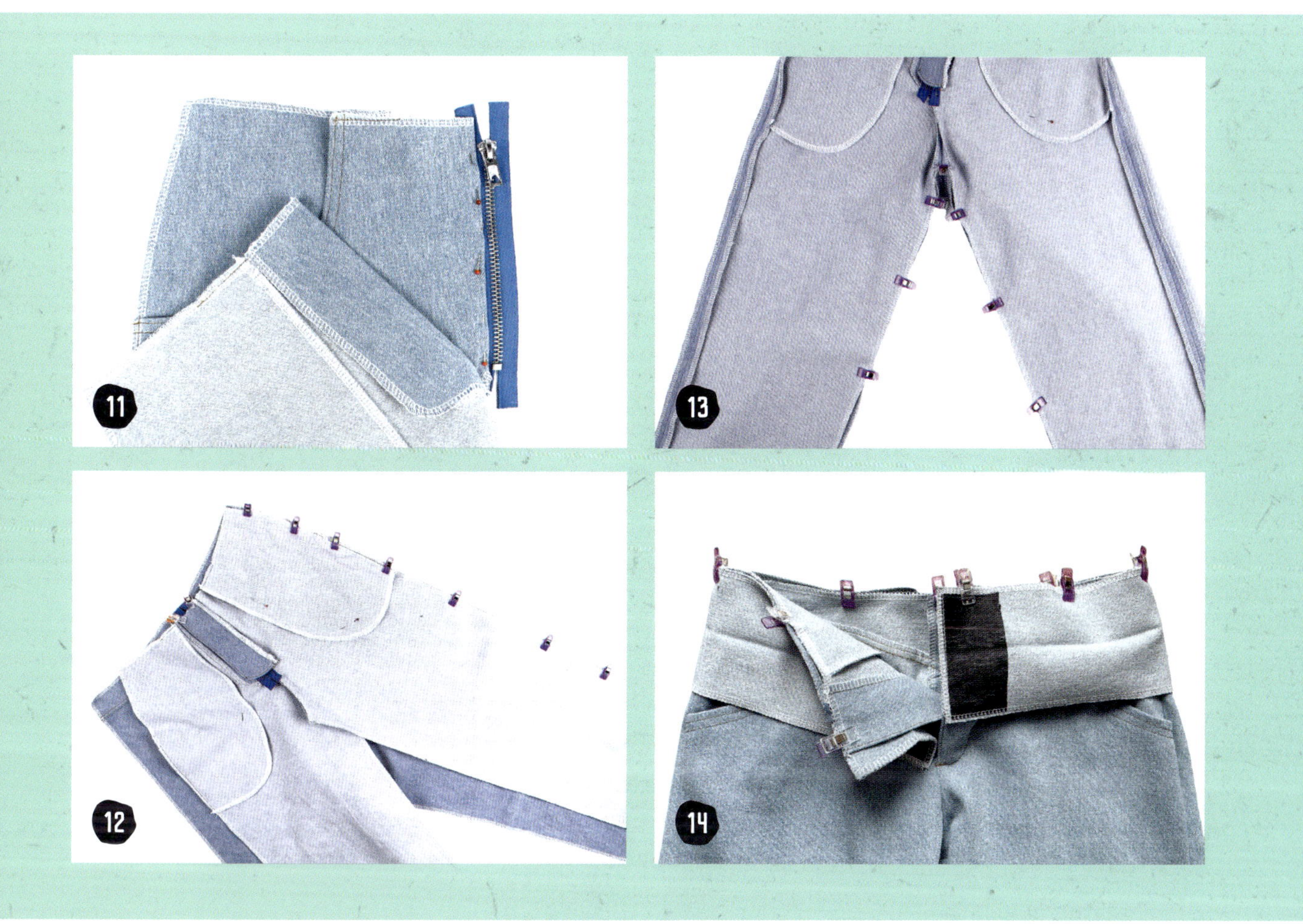

11 Klappe die Hose auf und bügle die Untertritte nach Innen um. Der kürzere Untertritt wird ca. 0,5 cm über die vordere Mitte hinaus gebügelt. Das sorgt später dafür, dass der Reißverschluss nicht zu sehen ist.

12 Nähe jetzt den Reißverschluss ein. Eine genauere Anleitung dazu findest du im Grundlagenteil auf Seite 32.

13 Lege die Vorderhose rechts auf rechts auf die Hinterhose und schließe die Seitennähte. Nähe jetzt noch die Schrittnaht zusammen. Achte darauf, dass die Mittelnähte exakt aufeinandertreffen. Wende anschließend deine Hose.

14 Stecke den Bund rechts auf rechts an die Hose. Beginne an der hinteren Mitte. An der vorderen Mitte sollte der Bund links und rechts ein wenig überstehen. Nähe den Bund an.

WEITER GEHT'S

15 Klappe den Bund aufeinander und nähe die kurzen Seiten an der vorderen Mitte zusammen. Diese Naht sollte jetzt mit dem Über- bzw. Untertritt bündig sein. Kürze die Nahtzugabe ein und wende den Bund. Forme die Ecken aus.

16 Stecke den Bund dann rundherum an der Hose fest und nähe ihn knappkantig an.

17 Klappe den Beinsaum 2cm nach innen und nähe ihn fest. Welche Saum-Variante es gibt, steht noch einmal genauer im Grundlagenteil auf Seite 34.

18 Bereite jetzt deine Gürtelschlaufen vor und nähe sie an.

19 Bringe zum Schluss noch den Jeansknopf an und nähe (mit dem Knopflochstich deiner Nähmaschine) das Knopfloch.

FERTIG!

HOSEN TRÄGER

IM GENTLEMAN-STYLE

NICE HOSE, NICES SHIRT, ABER IRGENDWIE KNALLTS NOCH NICHT SO RICHTIG? VERSUCH MAL EIN PAAR HOSENTRÄGER DAZU! SUPERFIX IN JEDER FARBE DES REGENBOGENS GENÄHT. DU KANNST SIE ENTWEDER KLASSISCH ODER GANZ LÄSSIG ÜBER DEN HINTERN BAUMELND TRAGEN – GENTLEMAN-CHIC ODER STREETSTYLE, DEINE WAHL!

HOSENTRÄGER IM GENTLEMAN-STYLE

WAS DU BRAUCHST

- Buntes Gummiband, 2,5cm breit – 2,20m
- Ein Reststück Kunstleder als Verbindungsstück – mind. 5x5cm
- 3 Hosenträgerclips und 2 passende Schieber
- Allesnäher in der passenden Farbe
- Stecknadeln oder Klammern

ZUSCHNEIDEN

- Teile dein Gummiband in zwei 1m lange Stücke und ein 20cm langes Stück

LOS GEHT'S

01 Schneide dir aus deinem Kunstleder 2 Stücke in Diamant-Form (vgl. Schritt 2) zu. Die langen Seiten sollten mindestens genauso breit sein wie dein Gummi. Nimm dir das kurze Gummiband und fädle einen Hosenträgerclip auf. Schlage das Gummiband um und nähe es fest.

02 Lege dieses Stück an die obere lange Kante des Kunstleders. Lege das zweite Stück darauf und nähe die obere Kante und die kurzen Seiten knappkantig zusammen.

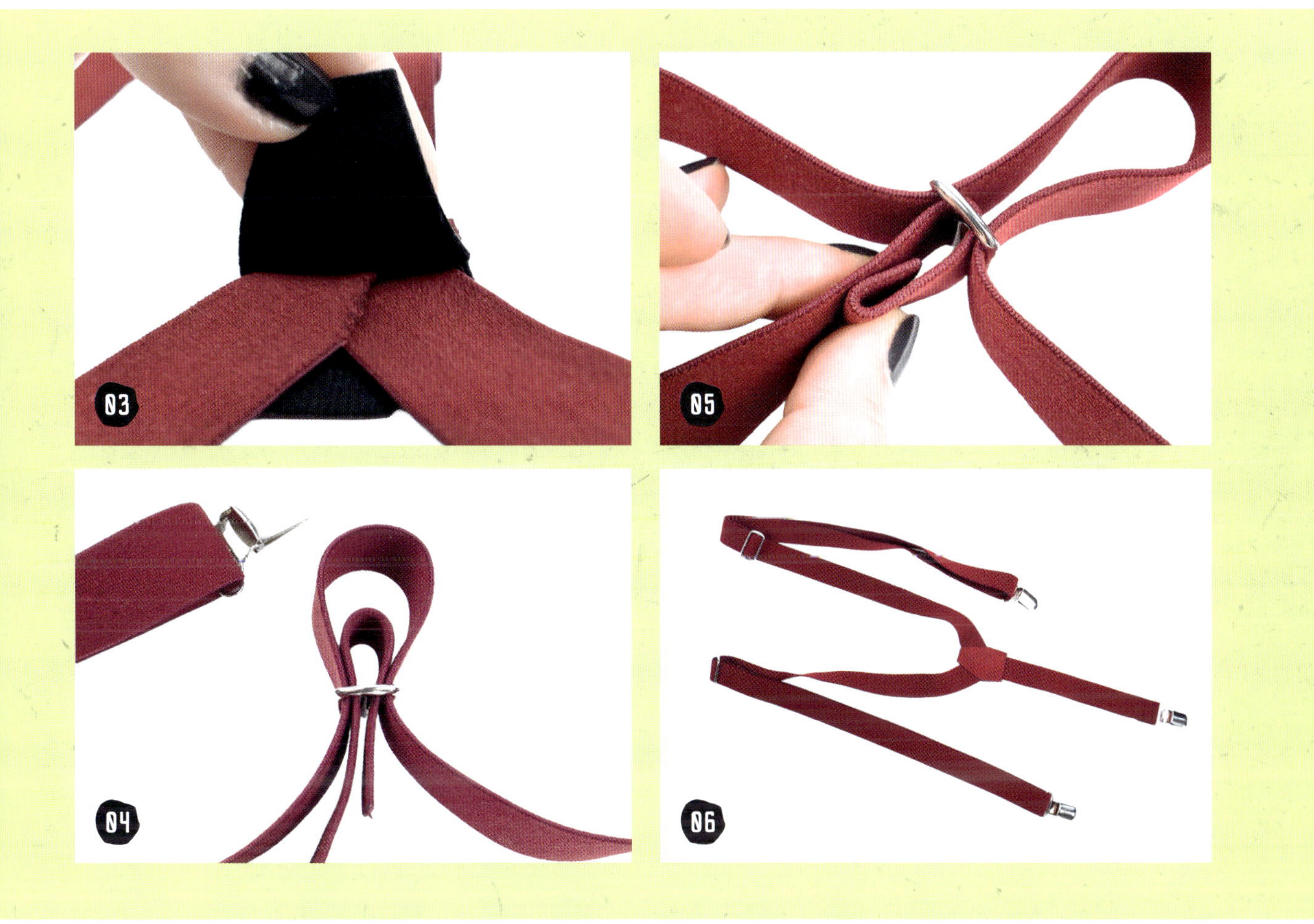

03 Klappe das Verbindungsstück auf und schiebe die beiden langen Gummis ein. Schräge falls nötig die kurzen Seiten des Gummis etwas an. Klappe das Verbindungsstück zu und schließe die Kanten.

04 Fädele nun auf die langen Gummis erst einen Schieber, dann einen Clip. Fädele das offene Ende des Gummis durch den Steg des Schiebers, sodass es unter dem Teil des Gummis liegt, den du eben eingefädelt hast.

05 Klappe das Gummiband wieder um und nähe es fest.

06 Jetzt kannst du dir mithilfe des Schiebers noch die optimale Länge deiner Hosenträger einstellen.

FERTIG!

WER WIR SIND

DIE AUTORIN

Mieke Fraatz hat sich während des Lockdowns zunächst aus Langeweile an die Nähmaschine gesetzt und angefangen, ihre kreativen Videos bei TikTok zu teilen. Dort und bei Instagram und YouTube folgen ihr inzwischen über 820.000 Follower, die ihr begeistert dabei zusehen, wie sie aus Secondhand-Teilen echte It-Pieces näht. Miekes Herz schlägt unüberhörbar für Hamburg - und für Retrofashion! Parallel zum Creator-Dasein arbeitet sie aktuell an ihrer Bachelorarbeit. Auch hier wird es um das Thema Upcycling gehen, allerdings im Bereich Interior Design, denn Handwerken liegt ihr genauso wie Handarbeiten. Mit ihrem ersten Nähbuch will die ungekrönte Queen of Saum ihre Ideen und ihre Inspiration weitergeben und die Welt ein bisschen bunter machen – let's sew!

DIE NÄHFEE

Jeanette Thümmler ist 35 Jahre alt und im „echten Leben" Bürokauffrau. Sie lebt mit Partner, Hund und Katze im Vogtland/Sachsen. Vor einigen Jahren fand Jeanette durch Zufall Omas alte Nähmaschine auf dem Dachboden und schon war es um sie geschehen. In Eigenregie hat sie sich die nötigen Kniffe mithilfe von Videotutorials und Nähbüchern selbst beigebracht. Seitdem wird so ziemlich jede freie Minute genutzt, um die Maschine rattern zu lassen. Auch der Stoffschrank ist immer prall gefüllt. Sie ist in einigen Stammteams von Schnitt-, Plott- und Stoffdesignern tätig und demzufolge ist natürlich auch der Maschinenfuhrpark inzwischen ein bisschen gewachsen. Auf Instagram hält sie als @netti_naeht ihre Follower immer über aktuelle Kreativprojekte auf dem Laufenden. Für dieses Projekt hat sie die Nadel geschwungen und Miekes Designs mit Adleraugen und höchster Sorgfalt nachgenäht.

DANKE

Ich möchte mich von ganzem Herzen bei allen bedanken, die dieses Buch überhaupt möglich gemacht haben.

Angefangen beim EMF Verlag, der mir diese großartige Chance und einen so großen Vertrauensvorschuss gegeben hat und mir als Lektorin die gute Fee Lisa an die Seite gestellt hat. Lisa, du warst die perfekte Partnerin in Crime, hattest immer ein Lächeln im Gesicht und mit deiner Engelsgeduld bei jedem Problem eine passende Lösung parat.

Danke auch an Frauke und Jeanette, die mir bei den Schnitten und dem Nähen unter die Arme gegriffen haben. Ich entschuldige mich für die vielen Stunden des Umänderns, Umnähens und Fluchens, die ich euch durch meine unzähligen Wünsche und Extrawürste beschert habe [illegible] durch euren Einsatz ist das ganze Buchprojekt richtig rund geworden!

Danke an den Ehrenfotografen Arne, der die geilen Fotos gemacht und das Beste aus mir rausgeholt hat, und natürlich an Karina, die mich beim Shooting so großartig geschminkt und mir bei 35 Grad den Schweiß weggepudert hat wie keine zweite. Danke auch an Buddy, der mir seinen heißgeliebten Jeep zur Verfügung gestellt hat.

Und zum Schluss möchte ich mich bei meinen Eltern, Geschwistern und Großeltern bedanken. Ihr habt meine Kreativität mein Leben lang gefördert und unterstützt. Ihr seid die Besten und ohne euch wäre ich heute nicht dort, wo ich bin.

Ein besonderer Dank geht dabei an meinen Opi, der mir neben dem Heimwerkeln, Schrauben und Sägen auch das Nähen beigebracht hat. Ohne ihn wäre ich bestimmt niemals auf die Idee gekommen, mich an eine Nähmaschine zu setzen!

Und danke an meine Mutti, die mehr Zeit, Schweiß und Energie in dieses Buch gesteckt hat als wir alle zusammen. Neben ihrem normalen Job und ihrer täglichen Tätigkeit als tollste Managerin der Welt, hat sie, um dieses Buch überhaupt zu ermöglichen, unzählige Mails verschickt, Texte korrigiert oder geschrieben, das Shooting geplant, sich mit ihrer nervigen Tochter rumgeschlagen (sorry noch mal dafür) und vieles mehr, was ich am Ende gar nicht mehr alles aufzählen kann. Ohne dich Powerfrau wäre dieses Buch niemals zustande gekommen. Du bist die Beste und ich hab dich lieb!

IMPRESSUM

Bibliografische Information der Deutschen Bibliothek.

Die Deutsche Bibliothek verzeichnet diese Publikation in der Deutschen Nationalbibliografie.

Detaillierte bibliografische Daten sind im Internet über http://www.dnb.de/ abrufbar.

EIN BUCH DER EDITION MICHAEL FISCHER

1. Auflage 2022

Covergestaltung: Luca Feigs

Redaktion und Lektorat: Lisa Helmus

Layout & Satz: Silvia Keller

People-Fotografie: Arne Hoffmann (www.arnehoffmann.de)

Haare und Make-Up: Karina Asmus (www.karinaasmus.de)

Shooting-Organisation & Management Mieke: Mitschi Fraatz

Step-Fotografie: Jeanette Thümmler

Bilder und Icons: Alice Noir/noun (alle Icons); stocklene/shutterstock (S. 60); softulka/shutterstock (Kleines Punktemuster, waberndes Streifenmuster); Hardtillustrations/shutterstock (Schwarze Halbkreise mit Struktur); Ton Photographer 4289/shutterstock (Papierstruktur); savva_25/shutterstock (S. 24, Zickzack); Anakumka/shutterstock (S. 24, Overlock); Magnia/ shutterstock (Streifenmuster, Wellenmuster); Curly Pat/shutterstock (Pinselstriche, Großes Punktemuster); Milissa4like/shutterstock (Dreieckmuster)

ISBN 978-3-7459-1242-5

Gedruckt bei PNB Print SIA „Jansili“, Silakrogs, Ropazu novads, LV-2133, Lettland

www.emf-verlag.de